Adriano Sack

Elternabend

Über unsere schwer erziehbaren Mütter und Väter

Karl Blessing Verlag

Umwelthinweis:
Dieses Buch und sein Schutzumschlag wurden auf chlorfrei gebleichtem Papier gedruckt. Die Einschrumpffolie (zum Schutz vor Verschmutzung) ist aus umweltschonender recyclingfähiger PE-Folie.

Der Karl Blessing Verlag ist ein Unternehmen der Verlagsgruppe Random House GmbH

1. Auflage

Umschlaggestaltung: Christian Küpker, Hamburg
Satz: Uhl + Massopust, Aalen
Druck und Bindung: GGP Media, Pößneck
Printed in Germany
ISBN 3-89667-253-3
www.blessing-verlag.de

Für Frank

Inhalt

Liebe ist ein hartes Stück Arbeit
Warum Eltern und Kinder dieses Buch lesen müssen

Was aus Clementine wurde

Sie schrieb deutsche Werbegeschichte, erreichte einen ähnlichen Bekanntheitsgrad wie der Papst und war doch schon bei ihrer Geburt von gestern. Ab 1968 warb die Marke Ariel mit Clementine. Das dralle Waschweib propagierte, sieben Jahre nach Einführung der Antibabypille, die bescheidenen Freuden einer damals schon überkommenen Hausfrauengeneration: Ihre größte Leidenschaft war es, die Wäsche »nicht nur sauber, sondern rein« zu kriegen. Nach einem kurzen Comeback in den Neunzigern wurde dieses von der Schauspielerin Johanna König verkörperte Relikt der deutschen Reklamegeschichte endgültig verabschiedet. Zuletzt warb Ariel mit einer grauhaarigen Dame, die vor einer gemusterten Tapete steht und ein grelloranges T-Shirt mit der Aufschrift »Abi 67« trägt. Zwar passen Alter und Jahrgang der erworbenen Hochschulreife nicht ganz zusammen, doch die Botschaft ist klar: Ganz schön jung, die Alte. Oder auch: Ganz schön alt geworden, das Mädchen.

Willkommen beim Elternabend.

Denn unsere Eltern, das sind diese jungen Alten. Sie bilden eine Generation, die in der Kriegs- oder direkten Nachkriegszeit geboren wurde und sich jetzt im dritten Jahrtausend zurechtfinden muss. Die in ihrer Jugend den Siegeszug der Popkultur, eine Studentenrevolte und die Abschaffung einer prüden Sexualmoral erlebte und trotzdem Familien gegründet, Häuser gebaut, ein bürgerliches Leben geführt hat. Die zwischen Peter Alexander und Uschi Obermaier jung war, an der Schnittstelle zwischen altem Deutschland und frischer Bundesrepublik lavierte, die mit dem Nationalsozialismus abrechnen und »mehr Demokratie wagen« wollte, weil diese eben noch keine Selbstverständlichkeit war.

1970 entstand die Zeichentrickserie *Barbapapa*. Sie erzählt von einer Familie amöbenartiger Wesen, die jede Gestalt annehmen können – Reisebusse, Häuser, Zahnputzbecher. Vielleicht war es eine damals populäre synthetische Droge, vielleicht aber auch ein ausgeprägtes Freiheitsgefühl, das einen amerikanischen Wissenschaftler und eine französische Architektin diese Familie erfinden ließ. In jedem Fall dienen die Barbapapas als Verständnishilfe für unsere Eltern: freundliche Wesen aus einer Epoche, in der alles möglich schien.

Und die sich heute erneut in einer komplett veränderten Welt wieder finden. Ohne Eurocheques, dafür mit Online-Banking. Ohne *Dalli Dalli*, dafür mit fünfzig Fernsehsendern. Ohne Kalten Krieg, dafür mit Auslandseinsätzen der Bundeswehr. Ohne Contergan, dafür mit Viagra.

Objektiv betrachtet, sind unsere Eltern gerade dabei, alt zu werden. Die Kinder sind erwachsen, die Karriere erledigt, die Knochen knirschen schon ein bisschen. Zeit für den so genannten Lebensabend. Aber unsere Eltern füttern keine Tauben im Stadtpark, sondern Delfine beim Whale-Watching vor den Kanarischen Inseln. Sie sehen nicht den *Musikantenstadl* und hören keine Marschmusik. Sie tragen keine Pepitahütchen und Kittelschürzen, sondern Jeans. Ob sie nun Yoga machen oder einfach nur Dauerlauf, ihr Laptop permanent abstürzt oder der Speicher ihres Bildhandys von Enkelkinderfotos überquillt, ob sie sich im Theater Christoph Marthalers *Zehn Gebote* oder im Kino *Die fabelhafte Welt der Amélie* ansehen, den Mittelrhein runterradeln oder mit dem Rucksack durch Südthailand reisen – sie wollen einfach nicht alt werden. Sie sind die modernsten Alten, die es jemals gegeben hat.

Warum sie sich so aufführen? Weil es ihnen möglich ist. Die Menschen in Deutschland werden älter denn je und bleiben länger gesund. Ein Sechzigjähriger ist heute in der Regel körperlich kein alter Mann – und vor allem erwartet auch niemand von ihm, dass er sich wie einer benimmt. Man kann das als einen ins Rentenalter verlängerten Jugendwahn sehen oder als eine im Kern erfreuliche Entwicklung: Während sich das Leben früher mit dem Alter zunehmend um die eigene Familie drehte und damit immer kleinere Kreise zog, haben unsere Eltern stets einen gesunden Egoismus kultiviert. Das Zentrum ihres Interesses und ihrer Aktivitäten sind immer noch sie selbst. Der Drang zur Selbstverwirklichung ist unheilbar.

Bis wir einmal vergessen, am Muttertag anzurufen. Oder zum dritten Mal in einem Jahr den Job wechseln. Oder unsere Ehe für ein halbes Jahr Probezeit auflösen. Dann fühlen sie sich vernachlässigt. Dann bangen sie um unsere Existenz. Dann fürchten sie, alles falsch gemacht zu haben. Sie jammern und klammern, streiten und weinen. Wo sie eben noch nach dem Lustprinzip gelebt haben, bedrängen sie uns plötzlich mit Aufopferung und Sorge. Genau das ist das Faszinierende, Charmante und manchmal Unerträgliche an unseren Eltern: Sie sind Kinder einer modernen Zeit – und können sich von uralten Rollenbildern einfach nicht lösen. Der Glaube an den Fortschritt hat sie vorangetrieben, treibt sie heute noch an und macht sie zu Ewigheutigen. Wie viel Ballast an Tradition sie dabei durchs Leben schleppen, wird ihnen – und uns – jetzt erst klar.

Wovor mich mein Musiklehrer warnte

Zuerst sollte dieses Buch *Papa was a Rolling Stone* heißen. Der Titel zitiert einen Klassiker aus den Sechzigern, verströmt Stolz und Melancholie, und die Rolling Stones, die mit dem Lied eigentlich nur wenig zu tun haben, sind eine überlebensgroße Karikatur dieser Elterngeneration: mit Rebellion reich geworden. Und absolut nicht bereit, in Pension zu gehen.

Mir selbst gefiel der Titel auch aus privaten Gründen. Als ich mit zwölf Jahren von einem Knabengymnasium auf eine koedukative Schule wechselte, war der erste Kulturschock der Musiklehrer. Er trug ein moosgrünes Jackett zu seinem rotblonden Haar und wollte modernen Unterricht geben, also auch »Pop« durchnehmen. Nachdem wir

Yesterday gesungen hatten – er war ein leidenschaftlicher Pianist und ließ den Song in einem feierlichen Solo enden –, erzählte er von den Rivalen der Beatles. Sein federleicht geföhntes Haar sträubte sich im Gegenlicht des Musiksaals, und die Lippen kräuselten sich vor Empörung, als er berichtete, wie die Rolling Stones am Anfang ihrer Karriere vor versammelten Journalisten in eine Hotellobby gepinkelt hatten.

Am gleichen Tag durchsuchte ich die Plattensammlung meiner Eltern. Zwischen Glenn Gould, dem »Panflötenmagier« Gheorghe Zamfir und Joan Baez (meine Eltern sind bis heute keine Pedanten, was die alphabetische Ordnung betrifft) fand ich das Doppelalbum *Exile on Main Street* von den Rolling Stones. Aufgenommen wurde die Platte, wie ich später erfuhr, 1971 im südfranzösischen Drogen-Château von Keith Richards. Geschenkt bekommen hatten meine Eltern die Platte von einer Freundin, die, wie ich noch später erfuhr, danach mit ihrer Partnerin in eine Lesbenkommune nach San Francisco zog.

Die Musik, vor der mich mein Musiklehrer warnte, fand ich im Wohnzimmer meiner Eltern. Wobei sie selbst die Platte nie gehört haben. Aber ebendiese Widersprüchlichkeit ist so charakteristisch für ihre Generation: Sie träumten noch von der freien Liebe, als sie bereits ihre Silberhochzeit feierten.

Wie wir, ihre Kinder, mit dieser Zerrissenheit klarkommen und wie wir gelernt haben, unsere Eltern trotzdem zu lieben – davon handelt dieses Buch.

Zunächst einmal war das natürlich sehr einfach: Keine Generation hatte tolerantere, verständnisvollere Eltern als wir. Und deshalb waren auch die Probleme, die wir mit ihnen hatten, ganz neu. Wir hatten, schlicht gesagt, keinen Gegner. Sorglos und konfliktarm wuchsen wir heran und konnten uns daher ausdifferenzierten Debatten über Fernsehsendungen und Markenprodukte widmen. Und stellten, als die Zeiten etwas weniger sorglos wurden, fest, dass wir Mühe hatten, erwachsen zu werden. Sind unsere Eltern daran schuld? Diese Sichtweise wäre kindisch. Aber eines ist klar: Wenn wir ihren Lebensweg studieren, verstehen wir unseren eigenen besser.

Warum wir lernen müssen, unsere Eltern zu lieben

Die Nähe zu unseren Eltern, der offensichtliche Mangel an innerfamiliärem Zündstoff, die Rückkehr zu alten Hochzeitsriten, zu alten Dresscodes und zu alten Lebensmodellen wird zurzeit gern als eine Art Rolle rückwärts in den Schoß der Familie verklärt. Und als logische Folgeerscheinung der Zeiten gedeutet, in denen Egomanie Glück und Geld versprach. Mit dem Zwang zur Ich-AG wächst die Sehnsucht nach dem Wir, die Scheidungskinder wollen wieder kuscheln – so ist überall zu lesen. Vielleicht weil die rührende Mutter-Sohn-Geschichte in *Good Bye, Lenin!* in Deutschland Zuschauerrekorde brach und Jonathan Franzens Bestseller *Die Korrekturen* als eine zeitgemäße Variante der *Buddenbrooks* gefeiert wurde. Der *Spiegel* verkündete sogar das Ende des Generationenkonflikts. Die Inflation der Scheidungsraten und die Zunahme der Single-

Haushalte werden gern beiseite gewischt, wenn es gilt, einen neuen Trend zu verkünden: nach der New Economy die New Family. Die breitbeinigen Optimisten von gestern drängen zurück in die Wagenburg des Vertrauten.

Zweierlei spricht gegen diese geschmeidige Interpretation. Zwar haben die Experimente, Krisen und Scheidungen, die unsere Eltern mit ihren Ehen erlebten, vielleicht eine Sehnsucht nach Harmonie in uns geweckt, doch zugleich haben sie unseren Glauben an ein konfliktfreies Familienleben nachhaltig erschüttert. Liebe ist machbar, haben sie uns gelehrt, aber ein hartes Stück Arbeit.

Außerdem – und diese Erklärung liegt auf der Hand – folgt das Interesse für die eigenen Eltern vor allem biologischen Gründen: Wir beginnen, selbst Familien zu gründen. Da stellen sich noch einmal, und sehr viel akuter als bisher, ein paar Fragen: Wollen wir so werden wie unsere Eltern? Was können wir besser machen? Oder sind wir ihnen, ganz aus Versehen, schon viel ähnlicher, als wir denken? Und so wenden wir uns ihnen zu und müssen erkennen, dass sie in das Alter kommen, in dem sich allmählich Abhängigkeiten ins Gegenteil verkehren. Wir machen uns mittlerweile mehr Sorgen um unsere Eltern als sie sich um uns.

Doch so leicht geben sie sich nicht geschlagen. Auf ihre alten Tage entdecken sie ihn doch noch, den Generationenkonflikt. Geht es klassischerweise um enttäuschte elterliche Erwartungen, ist es zwischen ihnen und uns komplizierter. Es geht auch nicht mehr um Links gegen Rechts, Jung gegen Alt, Bunt gegen Grau. Sondern um Ego gegen Ego. Sie wollen Aufmerksamkeit und Unabhängigkeit,

Nähe und Platz, fordern Verständnis und bieten Starrsinn. Genau wie wir.

Die andere Kampfzone ist die ideologische. Hier haben sie sich ohnehin immer am wohlsten gefühlt. Unsere Eltern sind zutiefst besorgt über Spaßgesellschaft, Konsumterror, Mediendemokratie. Und vergessen dabei, dass ihre Generation diesen Phänomenen den Weg geebnet hat. Alles, was sie an uns kritisieren, haben sie selbst erfunden.

Umso unverständlicher für sie, dass wir ihnen Versagen auf ganzer Linie vorwerfen: in der Wirtschaftspolitik wie in der Leistungsbereitschaft der Gesellschaft, in der Kindererziehung wie beim Generationenvertrag. In dieser Vorwurfseuphorie kritisieren gerade die forschesten Vertreter eines darwinistischen Weltbildes den mangelnden Gemeinsinn wie den grenzenlosen Egoismus unserer Eltern. So tritt Verona Feldbusch gegenüber Alice Schwarzer mit Herablassung auf, obwohl ihre ironisch gebrochene Pin-up-Karriere ohne die Emanzipation nicht denkbar gewesen wäre. So nehmen wir für selbstverständlich hin, was unsere Eltern erkämpft haben, und interessieren uns vor allem für deren Fehler. Dabei ist eines ziemlich offensichtlich: So schlimm, wie sie derzeit gemacht werden, sind sie nicht.

»Dein Vater konnte nie Nein sagen.«
Wie unsere Eltern jung waren

Als ich meinen Vater erschießen wollte, war ich ungefähr drei Jahre alt. Ein Fotograf des *Stern* war damals für einige Tage bei uns zu Gast, weil er eine »moderne« junge Familie für eine Reportage porträtieren sollte. Er hielt die Szene fest. Tatort war unser Wohnzimmer: Drahtsessel eines italienischen Designers, eine Stehlampe mit Plexiglasschirm, scharfkantige Glastische, ein Ziegenhaarteppich der Marke Tretford in Anthrazit und ein Druck von Picasso an der Wand. Alles strahlte Zukunftsglaube aus, selbst die minimalistischen Blumengestecke in den Vasen. Dazwischen ich: in Strumpfhose und Rollkragenpullover, mit einem Revolver in der Hand.

Das Wohnzimmer meiner Eltern sieht trotz zahlreicher Umzüge noch immer ähnlich aus. Ein Berberteppich (Siebziger), eine Designerlampe mit Schaukelfunktion (Achtziger), ein cremefarbenes Ledersofa (Neunziger) sind dazugekommen. Und die erst vor kurzem gekauften Schafswollmatten für die Feldenkrais-Kurse, die meine Mutter gibt. Die werden jedoch meist im Schlafzimmer aufbewahrt. Die niedrigen weißen Anrichten, die vor über dreißig Jahren ein befreundeter Architekt bauen ließ, nennen meine Eltern seither Sideboards. Ich vermute, weil sie ein Gastsemester im amerikanischen Berkeley gelebt hatten und ihnen der deutsche Ausdruck Kredenz wohl damals schon zu angestaubt klang. Die Lackoberfläche dieser Sideboards ist bis heute makellos, aber viel wichtiger: Sie sehen nicht altmodisch aus. Jeder ambitionierte junge Mensch würde dafür seine Habitat-Einrichtung aus dem Fenster werfen. Und doch verkörpern diese Möbel das aufgeklärte Bürgertum des Nachkriegsdeutschlands. Im matten Glanz ihrer weißen Oberflächen lässt sich mit ein wenig Fantasie das Vorleben meiner Eltern rekonstruieren.

In gewisser Weise haben unsere Eltern ja erst angefangen zu existieren, als wir geboren wurden. Für uns begann ihr Leben, sobald uns Bewusstsein, Erinnerungsvermögen und Sprache zur Verfügung standen. Wir haben sie grauer und älter werden sehen, haben erlebt, wie sie Erfolge feierten und Verluste beklagten, wie sie Freunde abservierten und neue Freundschaften schlossen. Das Erwachsenenleben unserer Eltern kennen wir, aber ihre Jugend müssen wir ihnen glauben.

Zumindest sind dabei die Begleitumstände bestens dokumentiert, denn der Siegeszug der Massenmedien hat dafür gesorgt, dass die politischen Dramen jener Zeit lückenlos aufgezeichnet wurden und auch heute noch ständig wieder aufgeführt werden: der Streit um die Wiederbewaffnung und der Bau der Berliner Mauer, Mondlandung und Farbfernsehen, *Spiegel*-Affäre und die Haarschnitte der Beatles, Studentenunruhen und Radikalenerlass. Im Rückblick scheint die Schnelligkeit, mit der sich Deutschland damals veränderte, atemberaubend. Unsere Eltern haben eine Kulturrevolution erlebt. Und auch diejenigen, die nicht erst auf die Straße gingen, sondern direkt Karriere machten, sind Kinder dieser Revolution.

Das ist vielleicht der Schlüssel zum Wesen ihrer Generation: Unsere Eltern wuchsen in zunehmender materieller Sicherheit auf, aber auch im Bewusstsein ständigen Wandels. Deswegen sind sie bis heute so beweglich geblieben. Der Rückgriff auf Traditionen schien ihnen, die noch deutliche Brandwunden vom Dritten Reich trugen, verbaut, deswegen konnten unsere Eltern nur nach vorn blicken. Sie sind die Generation der Ewigheutigen.

Umso faszinierender ist für uns Kinder der Blick zurück. Denn in jeder Familie gibt es ein Best-of-Album an Storys, die klingen wie aus einem Geschichtsbuch. Die Flucht meiner Mutter aus der DDR gehört dazu. Zitternd saß sie im Zug von Bitterfeld in den Westen, offiziell, weil sie ihre kranke Oma besuchen wollte, inoffiziell mit dem festen Vorsatz, diesen frechen Kerl mit dem Seitenscheitel zu erobern, in den sie sich verliebt hatte. Sie kam bis nach Köln und kriegte den Kerl. Doch noch Jahrzehnte später wurde die Stimmung im Familien-Volvo eisig, wenn wir uns der »Zonengrenze« näherten, auf dem Weg zu unseren Verwandten am Plauer See. Ihre Angst hat meine Mutter dem Kommunismus nie verziehen. Zu den im Hausgebrauch legendären Geschichten gehört auch der Moment, als mein Vater auf der Flucht Hermann Göring traf. Mein Vater fragte den damals schon in Ungnade gefallenen Reichsmarschall, wann seine Familie zurück nach Neumark könne. »Ich weiß es nicht«, antwortete er. Und erst viel später begriff der kleine Fritz, dass dies einer Kapitulation gleichkam.

Jede Familie hat solche Geschichten. Sie werden oft erzählt – weil unsere Eltern sie lieben und weil wir sie immer wieder hören wollen. Trotzdem ist das Wissen über die eigenen Eltern fragmentarisch, anekdotenhaft und davon geprägt, was sie uns freiwillig mitgeteilt haben. Und wer sagt schon die Wahrheit und nichts als die Wahrheit über sich selbst? Unsere Eltern sicherlich nicht. Sie erzählen ihre Geschichte, aber nie die ganze. Und die von ihren Affären schon gar nicht. »Dein Vater konnte nie Nein sagen« oder »Jeder hat deine Mutter bewundert«, so umschreiben sie schlecht verschlüsselt, dass sie »ganz heiße Feger« waren. Jugendsünden lassen sie aus erzieherischen Gründen weg, alte Konflikte wollen sie nicht aufwärmen, und einen geordneten, lückenlosen Lebenslauf legen sie den eigenen Kindern ohnehin nicht vor.

Selbst von Schlüsselerlebnissen hören wir so spät, dass wir uns fast schon hintergangen fühlen. Die Eltern von Björn zum Beispiel sind unheilbare Optimisten, auch was ihre eigene Vergangenheit betrifft. Ihre Villa im Vorort ist ihnen auch nach dem Auszug der Kinder nicht zu groß, die Mutter gehört zu den wenigen Damen, die in der örtlichen Gucci-Filiale von den russischen Verkäufern mit Namen begrüßt wird, der Wagenpark reicht vom Smart Roadster bis zum – ich weiß, es klingt unglaubwürdig – goldenen Bentley. Das Besondere an ihnen ist aber nicht ihr Reichtum, sondern ihre Nonchalance. »Meine Mutter lebt just for fun«, sagt Björn und beschreibt damit eine Existenz ohne

Repräsentationspflichten und materielle Sorgen. Aber auch der Vater, ein großporiger Tatenmensch, hat seinen eigenen Aufstiegskampf – er hat als Bürobote angefangen – nicht in Ansprüche an seine Kinder übersetzt. Die Tochter ist Erzieherin, und Björn hat jahrelang seine eigenen Stücke an Kleinkunstbühnen inszeniert, bevor er begann, Medizin zu studieren. Das alles haben die Eltern hingenommen und finanziert, mit einer einzigen Bedingung: Der Junge sollte möglichst lange zu Hause wohnen bleiben. Und wenn Björn mal nachts nach dem Ausgehen nicht zurückkam, wurden seine Eltern regelrecht hysterisch. Egal zu welcher Uhrzeit, er sollte zumindest anrufen. Erst als er für zwei Semester nach New York ziehen wollte, erzählte ihm seine sieben Jahre ältere Schwester, warum die sonst so Lässigen derartig klammerten. Björn hatte einen Bruder gehabt, der ein Jahr vor seiner Geburt bei einem Verkehrsunfall, verursacht durch seinen Vater, ums Leben gekommen war. Seine Eltern hatten nie mit ihm darüber gesprochen, waren voller Scham und Schuldgefühle, und Björn sollte sich nicht wie ein Ersatz für seinen älteren Bruder fühlen.

Oft sind die kleinen Geheimnisse unserer Eltern weniger dramatisch, aber ebenso entlarvend, so etwa ihre früheren Idole und Lieblingsschauspieler. Denn ein Modernisierungsschub braucht Rolemodels. Die Frauen, die unseren Müttern die kulturelle Brücke bauten zwischen Herrenbesuchsverbot im ersten eigenen Zimmer und den Medienstrips der Kommune 1, waren Audrey Hepburn und Jacqueline Kennedy. Die fast schon knabenhafte Zartheit der Schauspielerin und ihre hochanständige Frivolität machten sie zu einer jungen Dame, die besonders von ebensolchen bewundert wurde. Gegenüber aggressiven Blondinen wie Lana Turner oder Brigitte Bardot hegten unsere Mütter ein gesundes Misstrauen. Der damals gebräuchliche Begriff Sexbombe illustriert die zerstörerische Wirkung, die sie jenen Frauen zutrauten. Audrey Hepburn dagegen musste nicht weggebissen werden. Sie war zwar hübsch, aber auch gut erzogen. Und noch glaubten unsere Mütter daran, dass gute Manieren auf einen guten Charakter schließen lassen.

Wichtiger war allerdings Jacqueline Kennedy, geborene Lee Bouvier. Sie setzte vor vierzig Jahren Standards für eine First Lady, die noch heute gelten. Raissa Gorbatschowa, Doris Schröder-Köpf, Dennis Thatcher – alle wurden auf ihre Jackie-Qualitäten geprüft. Und die meisten fielen durch. Diese Tochter aus sehr gutem Hause, die mit der Beschreibung eines fiktiven Abendessens mit Oscar Wilde, Charles Baudelaire und Sergej Diaghilew den Prix Paris der *Vogue* gewann, prägte mit ihrem Geschmack unsere Eltern. Die Präzisionsschnitte von Hubert de Givenchy, im Übrigen auch der Lieblingsdesigner Audrey Hepburns, die Perlenkette, die weißen Handschuhe, die Pillboxhüte. Diese straffe Koketterie passte perfekt zu Jackies zur Härte neigendem und zur Heiterkeit gezwungenem Gesicht. Ganz in Schwarz beim Papst, in safranfarbenen Kleidern auf Elefantenrücken in Indien, im Marine-Look und mit Sonnenbrille an der italienischen Amalfi-Küste – Jackies Reisen waren immer auch Erkundungstrips in Sachen zeitgemäßer Glamour. Neben ihr sah selbst der Charismatiker John F. Kennedy linkisch aus.

»Jackie hatte einen tollen Stil«, schwärmen noch heute

ihre damaligen Fans. Vor allem aber sagt die Persönlichkeit der Präsidentengattin eine Menge über Selbstbild und Rollenverständnis unserer jungen Mütter. Auf einem berühmten Foto von 1961 sieht man Jackie Kennedy mit Nikita Chruschtschow bei einem Abendessen im Wiener Schloss Schönbrunn. Sie trägt ein rosa Paillettenkleid, kann ihn dank kerzengerader Haltung ein wenig von oben herab anflirten und erzählt dem weltpolitischen Widersacher ihres Mannes von dem Buch, das sie gerade gelesen hat: *Die Säbel des Paradieses* von Lesley Blanch über den antikommunistischen Widerstand der Moslems im Kaukasus. Chruschtschow setzt an, ihr vorzurechnen, dass es in der kommunistischen Ukraine viel mehr Lehrer pro Einwohner als in der zaristischen ... »Mein lieber Generalsekretär«, unterbricht sie ihn mit Patrizierinnenlächeln, »bitte langweilen Sie mich nicht mit Statistiken.«

So war sie, so waren sie alle: Frauen, die mit einem Fuß noch »bessere Hälfte« waren und mit dem anderen schon zur Welteroberung schritten. Als Jacqueline Kennedy fünf Jahre nach dem Attentat auf ihren Mann den griechischen Reeder und Playboy Aristoteles Onassis heiratete, hatten die Amerikaner das Gefühl, eines ihrer Nationalheiligtümer schände sich selbst. Doch Jackie O., wie sie seither heißt, gab damit nur ein Statement über die Autonomie der modernen Frau ab. Womit sie wiederum den Nerv der Zeit traf.

Hillary Rodham studierte damals Jura in Yale und war mit ihrem unvorteilhaften Brillengestell Lichtjahre vom Jackie-Style entfernt. Aber die Fertigkeit, Mode und Machtpolitik zu verquicken, hat sie im Lauf der Jahre erworben.

Damals schwärmten unsere Mütter für die »tapfere« Jackie, heute hoffen sie, die »toughe« Hillary könnte die erste US-Präsidentin werden. Und dass sie auf dem Weg dorthin von ihrem Mann öffentlich belogen und gedemütigt wurde, passt eigentlich ganz gut zu einer Frauengeneration, die sich ihre Rechte und Freiheiten erkämpfen musste, sie sich noch heute erkämpfen muss, Jahrzehnte nachdem die »Frauenfrage« von den Platzhirschen der APO zum »Nebenproblem« erklärt worden war.

Denn das Hauptproblem war natürlich die Selbstfindung der Männer. Heute könnte man ja den Eindruck gewinnen, dass unsere Väter rebellisch wie Marlon Brando, aufrührerisch wie Elvis Presley, viril wie Steve McQueen waren. Zumindest legen dies die Talkshow-Bekenntnisse von Politikern und Wirtschaftslenkern nahe. Mit dem Sicherheitsabstand einiger Jahrzehnte schwadronieren sie von »frisierten« Motorrädern, langen »Matten« und Haschisch-Selbstversuchen. Selbst der Finanzminister Hans Eichel will mal an einem Joint gezogen haben. Dass diese Erzählungen mindestens genauso frisiert sind, verraten die Fotos unserer Väter. Sie sehen nicht etwa aus wie Dennis Hopper in *Easy Rider*, sondern scharf gescheitelt wie der junge Rudolf Augstein: sehr oft in Anzug und mit schmaler Krawatte, zuweilen mit Lederhandschuhen und Hut. Sie haben ihre bürgerlichen Uniformen erst spät abgelegt. Selbst die Bilder der Studentenunruhen zeigen junge Männer, denen die Weltrevolution wichtiger schien als die Frage, wer die Stiefel von der Carnaby Street als Erster besaß. Der stilsichere Andreas Baader war da die Ausnahme.

Dafür haben praktisch alle Männer Zigaretten geraucht, am liebsten Marken wie Reval, Stuyvesant und HB, die erstaunlicherweise von den Tabakkonzernen bis heute mitgeschleift werden – aus falsch verstandener Gutmütigkeit oder weil ein Haudegen im Vorstand darauf besteht. Inzwischen dürfen bekanntlich nur noch Helmut und Loki Schmidt im Fernsehen rauchen. Doch wer die Muße hat, sich an einem Freitagabend in einem der dritten Programme die Aufzeichnungen sehr alter Talkshows anzusehen, der kann vor Qualm die Gäste kaum erkennen. Ein Effekt, für den man bei den heutigen Nachmittagstalkshows dankbar wäre.

Der Stil unserer Väter war auf beneidenswerte Art Konventionen verpflichtet. Die schönsten Resultate ergaben aber die oft tollpatschigen Versuche, diese Konventionen zu sprengen. Der frühe Günter Netzer etwa war ein Mann, dem Schlaghosen, Ferrari und enge Hemden nicht einmal besonders gut standen. Aber seine Bereitschaft, das »Establishment« zu brüskieren und sich als Popstar zu verkleiden, weckt noch heute Sympathien. Damals hielt man ihn, in einer zeittypischen Gleichsetzung von Outfit und Weltbild, sogar für einen Rebellen. Heute ist er das genaue Gegenteil: ein öffentlich-rechtlicher Schulmeister des Fußballs, der erfolgreich mit Übertragungsrechten handelt – eine Verquickung von Meinungsmacht und ökonomischer Macht, die damals anstößig gewesen wäre und ihn als Idol disqualifiziert hätte.

Seit Mutter Teresa und Albert Schweitzer in den verdienten Ruhestand geschickt wurden, sind ernst zu nehmende Vorbilder knapp. Wer taugt heute schon noch als Idol? Jennifer

Lopez? Bill Gates? Dieter Bohlen? Der Papst? Sei es durch den Zusammenbruch gesellschaftlicher Utopien oder durch Entzauberungsshows wie *Big Brother* und *Deutschland sucht den Superstar* – es hat sich ein fraktales Verständnis von Vorbildlichkeit durchgesetzt. Während Audrey Hepburn als Gesamterscheinung für sich einnahm, sind es heute nur noch die Bestandteile von Stars, Politikern oder anderen Prominenten. Die Schönheitschirurgen in Kalifornien bekommen von ihren Kundinnen nie zu hören: »Ich will so aussehen wie Britney Spears.« Die Wünsche sind differenzierter: Der Mund soll von Michelle Pfeiffer sein, die Augen von Demi Moore, der Leberfleck von Cindy Crawford. Doch auch bei bisher nicht käuflichen Eigenschaften picken wir uns raus, was uns gefällt: Wir schätzen Madonnas Ehrgeiz (und ihren Kleiderschrank), aber bedauern ihre Kälte. Wir erfreuen uns an der Rhetorik von Joschka Fischer, aber seine Eitelkeit befremdet. Wir hätten gern Boris Beckers Vorhand, aber um nichts auf der Welt seinen Frauengeschmack.

Wenn wir dann zum zwanzigsten Mal *Manche mögen's heiß* sehen und einfach nicht wissen, für welche der drei Hauptdarstellerinnen wir uns entscheiden würden, sehnen wir uns nach ungebrochenen Idolen, wie wir sie mit unserer defätistischen Weltsicht heute niemals zulassen würden. Dann leiden wir an Nostalgie nach einer Zeit, die wir nie erlebt haben. Denn während wir unsere Stars in Einzelteile zerlegen, haben unsere Eltern ihre geliebt.

Dabei sahen unsere Eltern selbst aus wie die Hauptdarsteller in einem Nouvelle-Vague-Film. Wenn man einen Menschen täglich vor Augen hat, nimmt man seinen Alterungsprozess kaum wahr. Wenn wir auf der anderen Seite ein Bild der eigenen Mutter oder des Vaters erblicken, das einen schlagartig fünfunddreißig Jahre zurückversetzt, ist das ein Schock. So schön haben wir sie nie gesehen.

In dieser Erkenntnis verbirgt sich Narzissmus, denn in den Zügen unserer jungen Eltern spiegeln wir uns selbst. Aber ihr Sexappeal beruht nicht allein auf Familienähnlichkeit. Es sind, auch wenn das leichtfertig klingen mag, ihre Nachkriegsgesichter. Nicht, dass sie vorzeitig gealtert aussähen – im Gegenteil: Sie sind auf eine rührende Art erfahren und unfertig zugleich. Ihre Körper sind geprägt von erlittener Not und neuem Wohlstand. Wer heute Muskulatur und Körperbau junger Erwachsener studiert, stößt auf austrainierte, definierte Modellathleten – die anderen haben gelernt, sich zu verstecken, weil sie durchs ästhetische Sieb rutschen. So weit waren unsere Eltern noch nicht: Die Mütter waren auf damenhafte Art schlank, die Väter je nach Veranlagung hager oder mit Wohlstandsbauch. Es sind altmodische Körper und Gesichter, die sich allmählich in eine neue Zeit zwängen.

Auf dem Bild von unserem Showdown halte ich den Revolver auf meinen Vater gerichtet, noch etwas unentschlossen, was ich zu tun habe. Er trägt seine Uhr mit schwarzem Lederband, für mich bis heute die typische Vateruhr, und hebt seine Hände in die Höhe. Er hat sich ergeben und sieht mich mit all dem Ernst an, den ein guter Vater beim Spiel empfindet. Mit einem Blick, als wollte er seinen Sohn freundlich dazu ermutigen, ein Mann zu sein.

In diesen Jahren tobte ein Generationenkonflikt, wie ihn

die Welt seither nicht mehr erlebt hat. Die Jungen warfen den Alten den Vietnamkrieg und das Dritte Reich, eigentlich das ganze Altsein vor. Jim Morrison brüllte: »Father, I want to kill you.« Und Fritz Sack hoffte, dass es in Zukunft auch ohne Vatermord gehen würde.

Wenn die Bilder nicht lügen, und das tun sie ja eigentlich nie, dann kann man sagen: Unsere Eltern waren aufgeweckte, lebenslustige Twens. Und fest davon überzeugt, dass ihr Leben auch nach unserer Geburt so weitergehen würde.

»Zu Hause konntest du das alles schon!«
Wie unsere Eltern uns antiautoritär erzogen

Was zwischen Harry Potter und Pippi Langstrumpf liegt? Das Platzen einer Seifenblase. Beide sind Waisen mit übermenschlichen Kräften, beide sind globale Kinderstars, deren Fangemeinden bis weit in die Erwachsenenwelt hineinreichen. Während aber dem Zauberlehrling bei seinem Kampf gegen mächtige Gegner allerlei Vaterfiguren und Mentoren zur Seite stehen, ist »das stärkste Mädchen der Welt« auf sich gestellt. Harry Potter ist ein Paradebeispiel dafür, dass eine starke erzieherische Hand (und gelegentliche Auflehnung dagegen) einen Heldencharakter formen. Der zivile Ungehorsam von Pippi dagegen suggeriert, dass antiautoritäre Erziehung (in ihrem Fall sogar: gar keine Erziehung) funktionieren kann, wenn man nur ein Pferd auf der Veranda und eine Kiste voller Goldmünzen hat. Der eine bricht seit Jahren alle Auflagenrekorde, während es um die andere eher still geworden ist, sodass sich der Verdacht aufdrängt: Das »Modell Pippi« ist aus der Mode gekommen.

Und es ist nicht nur aus der Mode gekommen – ihm werden die verschiedensten Fehlentwicklungen und Missstände angelastet. »Eine der fatalen Folgen von '68: Die sittliche Benotung eines Menschen verschwand fast völlig aus den Schulzeugnissen«, sorgte sich der *Spiegel* vergangenen Sommer in einer Titelgeschichte über die nabelfreien Outfits junger Schülerinnen. Und als hätten ihre eigenen Freundinnen nicht einige Jahrzehnte zuvor Miniröcke getragen, spitzten die Redakteure die Debatte auf die Schlüsselfrage zu: »Wer den Eltern für Miss-Sixty-Hosen, die nur den halben Po bedecken, damit das Tanga-Etikett sichtbar bleibt, 150 Euro abknöpft, was hat der eigentlich für ein Gesellschaftsverständnis?«

Die Grundlagen dieses libertären Gesellschaftsverständnisses schuf vor über dreißig Jahren ein fast neunzigjähriger Greis in der englischen Provinz. Der Schulleiter Alexander Sutherland Neill löste 1969 mit seinem Buch *Theorie und Praxis der antiautoritären Erziehung. Das Beispiel Summerhill* pädagogische Frühlingsgefühle aus, die eine Gründerwelle von Kinderläden und die Massenduzerei an deutschen Gymnasien nach sich zogen.

»Das Kind ist kein schlechtes, sondern ein gutes Wesen«, erklärte Neill. Und da er dem Kind vertraute, liest sich die Schulordnung des Internats Summerhill noch heute wie ein Albtraum konservativer Eltern: Die Teilnahme am Unterricht war freiwillig, die Kinder und Jugendlichen konnten über Ernährung, Freizeitgestaltung und Sexualität selbst bestimmen. Und obwohl Neill an das Gute im Kind glaubte, machte er niemandem vor, dass in Kindern nur Gutes steckt. »Und dann fielen sie über mich her. Betty hämmerte mir ihren Pantoffel auf den Kopf, und Bunny zog mich an den Haaren. Sie waren außer sich vor Wut«, schreibt er in *Die grüne Wolke* über eine Gruppe Summerhill-Schüler. Dass

Kinder Aggressionen ausleben müssen, fand Neill normal, aber er stand auch zu seinen eigenen: In dem Roman lässt er alle sterben – außer sich selbst. Damit verrät er ein gesünderes Selbstbewusstsein gegenüber Kindern als die meisten Eltern meiner Generation: Er verbietet ihnen nichts. Aber er lässt sich auch nichts bieten.

Nicht alle Eltern hatten Neills Bücher gelesen, aber sein Gedankengut sickerte durch und fiel auf fruchtbaren Grund, denn unsere Eltern hatten auch ihre eigenen Erfahrungen gemacht. Nicht von unseren Großeltern, sondern von der deutschen Geschichte waren sie antiautoritär erzogen worden: Unsere Eltern hatten gelernt, dass es ein Verbrechen sein konnte, immer Ja zu sagen, und sie waren in einem Land aufgewachsen, dem alle Gewissheiten abhanden gekommen waren. Sie wussten, Rechthaben ist relativ, und selbst ein schwaches Argument ist besser als eine starke Hand. Deswegen gab es in unseren Familien wenige Verbote, dafür zähe Diskussionen; deswegen durfte bei Tisch der reden, der gerade den Mund am vollsten nahm; deswegen durften wir unsere Haare so kurz oder lang tragen, wie wir wollten; deswegen brachten wir unsere Freundinnen und Freunde über Nacht mit nach Hause und studierten, was wir wollten. Wir wuchsen freier auf als wohl jede Kindergeneration vor uns. Und deswegen wussten wir häufig nicht, woran wir waren. Denn unsere Mütter trugen zwar die indischen Kleider, die die Hippies in Mode gebracht hatten, aber sie kontrollierten trotzdem unsere Hausaufgaben.

Als so genanntes Kannkind fiel ich vor meiner Einschulung durch den Eignungstest. Ich kann mich nicht daran erinnern, aber die innerfamiliäre Sprachregelung besagt, dass ich einfach nur die zuständige Lehrerin nicht mochte. »Zu Hause konntest du das alles schon«, behaupten meine Eltern bis heute. Und so kam ich trotz meiner Schulunreife in die Kreuzschule in Regensburg, was für mich eine bewusstseinserweiternde Erfahrung war. Die meisten meiner Lehrerinnen waren Nonnen, und morgens mussten wir das *Vaterunser* beten. Von Gott hatte ich zu Hause nie etwas gehört und nahm daher derartige Rituale zunächst als sportliche Herausforderung an. So bemühte ich mich darum, dieses in meinen Ohren sinnfreie Gedicht fehlerlos herunterzubeten. »Wie auch wir vergeben unseren Schuldigern« ist ja ein Satz, der einen nicht vorbelasteten Sechsjährigen komplett überfordert.

Die Religionsfrage zeigte die Laisser-faire-Haltung unserer Eltern. Meine mischten sich einfach nicht ein: Ich würde mit meinen sechs Jahren schon wissen, was gut für mich ist. So liebte ich meine erste Religionslehrerin, weil sie eine erstklassige Erzählerin war: Ihr missionarischer Eifer beschränkte sich darauf, uns die Geschichten von Jesus, Paulus und Petrus malen zu lassen. Meine Hefte sahen aus wie etwas unbeholfene Storyboards zum ersten *Indiana-Jones*-Film: unrasierte junge Männer, die im Nahen Osten Abenteuer zu bestehen hatten.

Doch je älter wir wurden, desto weltfremder erschienen uns die Religionslehrer. Ein letztes Aufbäumen der Glaubensstärke erlebten wir im Konfirmationsalter: Die Aussicht auf eine Stereoanlage, ein Mofa oder endlich mal eine nennenswerte Menge Bargeld ließ viele die Strapazen einer wöchentlichen Sitzung im Gemeindezentrum auf sich nehmen. Unsere Eltern akzeptierten diese leicht zu durchschauende Spekulation relativ klaglos. Die Konfirmation war ihnen eine Konvention, gegen die zu verstoßen nicht der Mühe wert war. Und ihre Lässigkeit gab ihnen Recht: Für viele war es der letzte Kirchgang – bis zur Hochzeit. Was sich ziemlich deutlich zeigte: Fehlt die gesellschaftliche Bindung, dann wird Religion schnell zur Folklore. Heute gerieren wir uns als »nicht praktizierende Buddhisten«, flirten mit den prallen Riten des Katholizismus, und die Kruzifixe aus der Zeit, als wir für Madonnas Film *Susan … verzweifelt gesucht* schwärmten, haben viele noch in der Schublade – eine existenzielle Bindung an einen Glauben dagegen nicht.

Das konnten meine Lehrerinnen damals noch nicht ahnen. Für besondere Leistungen gaben sie uns kleine Fleißkärtchen, auf denen Igel mit Lederhosen und Karohemden zu sehen waren, die erbauliche Gedichte aufsagten. Wie jedes Kind war ich scharf auf diese Belohnungen, aber unglücklicherweise behielt die Eignungstesterin zunächst Recht: Ich hatte große Schwierigkeiten, schreiben zu lernen. Mein anderes, noch schwerer wiegendes Problem: Ich fühlte mich mit meinem Vornamen wie eine Jahrmarktsattraktion. In meiner Klasse gab es sieben Andreasse, und damit die Lehrerinnen sie unterscheiden konnten, gaben sie jedem einen Spitznamen. Der blond gelockte Liebling hieß Anderl, was in meinen Ohren klang, als wäre er ein süßes Schmalzgebäck vom Weihnachtsmarkt. Trotzdem hätte ich mein ganzes Heft mit Igel-Kärtchen dafür gegeben, auch Anderl genannt zu werden. Meinen eigenen Vornamen, den meine Eltern dem Vater meines italienischen Patenonkels abgeschaut hatten, empfand ich als Zumutung. Die beliebtesten Jungennamen in meinem Geburtsjahrgang waren Stefan, Michael und Thomas. Was kein Zufall ist: Allzu germanische Namen waren tabu, die alttestamentarischen Namen kamen später, die Vorliebe für englische Namen, der so genannte Kevin-Komplex, ist ein Phänomen der späten DDR. Unsere Eltern bevorzugten eine gewisse Unauffälligkeit, was zumindest für Kinder ideal ist: Sie wollen sowieso immer so heißen wie alle anderen. Eine Lektion übrigens, die wir gründlich vergessen haben, wenn wir für die eigenen Kinder Namen aussuchen. Elsa-Mina, Nepomuk, Rakve – manieriert, kompliziert und phonetisch missglückt darf der Name sein. Aber bitte auf keinen Fall ein zweites Mal im Kindergarten vorkommen.

Meine Lernschwierigkeiten bekam ich in den Griff, als meine Familie nach Hannover umzog. Für mich war das die Rettung: Auf einmal konnte ich fast doppelt so schnell schreiben wie der Rest der Klasse. Denn schon damals, also bevor der angeblich so zersetzende Einfluss der 68er richtig greifen konnte, gab es ein steiles Leistungsgefälle zwischen Bayern und Niedersachsen. Und auch ein Verhaltensgefälle. In der ersten großen Pause erlebte ich auf dem Schulhof einen kleinen Kulturschock: Alle rannten herum und prügelten sich. Das war ich aus der Kreuzschule in Regensburg nicht gewohnt. Wissbegierig stürzte ich mich in den Sandkasten, wo die meiste Action war, und schleuderte einen meiner neuen Klassenkameraden zu Boden. Dummerweise hatte er damals gerade einen Gipsarm. So wurde ich gleich am ersten Tag zur Klassenlehrerin gebracht, die mir eine politisch überaus korrekte Predigt hielt. Das war vielleicht der Moment, in dem mein Leben kompliziert wurde: Schon bei der ersten Prügelei hatte ich alles falsch gemacht.

Die Kinder müssen sich prügeln, aber bitte mit Fairplay – dieses Paradox ist nicht untypisch für die Wankelmütigkeit unserer Erziehung. So war unseren Eltern klar, dass Schulnoten nicht lebenswichtig sind, doch wenn es darauf ankam, waren sie ehrgeizig und hartnäckig. »Warum hast du denn nur eine Zwei? Du bist doch sonst so gut in Deutsch«, lautete eine typische Lobeshymne nach einer ordentlichen Klassenarbeit, und schon bei einer Drei wurde der Notstand ausgerufen. Selbstverständlich nur, weil sie ja wussten, dass wir es besser konnten, und sie nicht wollten, dass wir uns unsere Chancen verbauten. Der Leistungsdruck war also der gleiche wie früher. Nur die Begründungen waren etwas langatmiger.

Was tatsächlich neu war: Bei der Beurteilung von schulischen Leistungen standen auch die Lehrer auf dem Prüfstand. Sie trugen zwar keine Talare, unter denen sich der Muff von tausend Jahren hätte ansammeln können, aber sie waren so genannte Autoritätspersonen: heute ein liebenswerter Anachronismus, damals ein Reizwort. Wenn unsere Eltern merkten, dass die Deutschlehrerin die Aufsätze im Vollrausch korrigiert hatte, dass der dicht behaarte Sportlehrer sich besonders lange in der Mädchenumkleidekabine aufhielt oder dass der Biologielehrer zwar einen Arm im Zweiten Weltkrieg verloren hatte, den anderen aber immer noch zum deutschen Gruß hob, dann wurden sie aufsässig, rannten in die Sprechstunden, machten den Elternabend zum Speak-in, wandten sich im Ernstfall an den Schuldirektor – denn bei aller Skepsis gegenüber Hierarchien wussten sie sehr wohl, wie Machtpolitik funktioniert. Die Geschickteren unter uns nutzten das aus. Die Schuld an schlechten Noten den Lehrern zuzuspielen war eine Strategie, die nicht selten aufging. Auch weil unsere Eltern sie allzu bereitwillig glaubten.

Unsere Eltern führte die Abkehr von den traditionellen Erziehungsmethoden in eine pädagogische Grauzone. Mal wurden sie zu streng, mal schossen sie übers Ziel hinaus. Mal nervten sie uns durch Übereifer, dann wieder verblüfften sie durch Ignoranz.

Lea hat, wenn es so etwas überhaupt gibt, typische 68er-Eltern. Die Mutter ist Steuergehilfin, der Vater Fotograf, die beiden experimentierten mit selbst gezogenem Cannabis und selbstbestimmten Kindern. Lea, die Älteste von drei Geschwistern, kam damit überhaupt nicht zurecht. Als sie vierzehn war, rannte sie von zu Hause fort. Und zwar ziemlich weit. Sie schwänzte die Schule und reiste per Anhalter durch Frankreich. Einmal rief sie daheim an, teilte vage mit, dass sie unterwegs sei, und legte wieder auf. Als sie sich nach vier Wochen von einem LKW-Fahrer vor dem Haus ihrer Eltern absetzen ließ, öffnete ihr Vater die Tür und sagte: »Schön, dass du wieder da bist.« Seitdem ist in ihrer Familie kein Wort über ihren Ausflug verloren worden. Lea wundert sich bis heute darüber: Es war, als schriee sie in einer Fußgängerzone laut, und niemand drehte sich auch nur um. Als ich mit ihr für eine Weile zusammenarbeitete, schien ihr auf eine außergewöhnliche Art der Ehrgeiz zu fehlen. Oder die Richtung. Sie hatte sich eine frühreife Gelassenheit zugelegt, auch was ihre Liebesbeziehungen betraf. Sie ging sie schnell ein und nahm es genauso leicht hin, wenn sie vorbei waren. Heute ist sie Art-Direktorin bei einer guten Agentur, wohnt mit ihrem Freund zusammen und liebt ihre Eltern »in ihrer ganzen Merkwürdigkeit«. Dass deren Toleranz an Indifferenz grenzte, sieht sie als typische Zeiterscheinung, doch als Mädchen verzweifelte sie daran. Die Erziehung unserer Eltern, man muss es leider so sagen, war eine Reihe von gut gemeinten Pannen.

Was dagegen prima geklappt hat: Die wenigsten von uns haben gelernt, wie man sich richtig benimmt. Es gibt hochambitionierte Aufsteiger, die bei einem sechsstelligen Jahresgehalt noch nicht wissen, wie man einen Krawattenknoten bindet. Und kaum einer beherrscht es, sich und andere korrekt vorzustellen. Unsere Eltern kennen und können das alles. Aber sie wussten nicht so recht, ob sie dieses Regelwerk des Bürgertums wirklich an die nächste Generation weitergeben sollten. Schlimmer als Kinder, die auf dem gesellschaftlichen Parkett nicht trittsicher sein würden, schien ihnen damals die Gefahr, als Reaktionäre abgestempelt zu werden. Dass heute Benimmbücher von so gegensätzlichen Autoren wie Gloria von Thurn und Taxis, Ariane Sommer und dem äthiopischen Prinzen Asfa-Wossen Asserate für Furore sorgen, dass wir gelegentlich auch unter Gleichaltrigen beim Sie bleiben und ernsthaft überlegen, ob wir nicht doch den Tanzkurs nachholen sollten, könnten unsere Eltern als gelungene Erziehung über Bande werten. Doch vermutlich sehen sie es als historische Niederlage.

Ein vernichtendes Urteil? Wie man es nimmt. Neben vielfältigen pädagogischen Patzern gelang unseren Eltern ein sehr ambitioniertes Projekt. Sie wollten eine Gesellschaft zum Pazifismus bekehren, die seit zweitausend Jahren Kinder mit Angst erzieht. Der typisch deutsche Vater zückt nicht mehr den Gürtel, wenn die Kinder Unfug machen, eher zuckt er mit den Schultern. So wie Vater Beimer aus der *Lindenstraße*: ein Spießer, der seine Kinder nie schlagen würde. Oder wenn, dann nur aus Versehen.

Ich selbst erinnere mich lediglich an zwei Handgreiflichkeiten meiner Mutter: Einmal gab sie mir eine Ohrfeige. Und einmal warf sie einen Mülleimer nach mir, einen ziemlich kleinen. Heute würde ich sagen: Ich hatte es beide Male verdient.

Es gab andere Sanktionsmöglichkeiten: Stubenarrest, Taschengeldentzug und, vielleicht am wirkungsvollsten, quälende Diskussionen. Aber die Prügelstrafe wurde von unseren Eltern mehr oder weniger abgeschafft. Mit dem Erfolg, dass Eltern heute von ihren Kindern verprügelt werden – das würde Ronald Barnabas Schill vielleicht einwenden. Aber bei allen echten oder eingebildeten gesellschaftlichen Kollateralschäden bin ich persönlich ganz froh, dass ich keine Angst vor meinen Eltern haben musste. Natürlich hätte ich heute gern das große Latinum und die Fertigkeit, einen Windsor-Knoten zu binden. Aber man kann ja nicht alles haben.

»Was willst du denn mit einer Barbie-Puppe?«
Wie unsere Eltern uns mit pädagogisch wertvollem Spielzeug beglückten

Gunnar wuchs nicht etwa ohne Vater auf, sein Vater kam ihm abhanden. Als er noch ganz klein war, hatte sein »Dad« den Fuhrpark eines US-Stützpunktes geleitet und war damit Superman und Dr. Marsh Tracy aus *Daktari* in einem. Abends nahm er Gunnar in seinem Jeep auf Spritztouren mit, seine G.I.-Freunde kauten Kaugummi und machten seiner Frau in breitem Amerikanisch Komplimente. Als er seinen Job wegen Trunkenheit am Steuer verloren und wenige Monate später viel Geld in einer Kneipe versenkt hatte, trat der Held den Rückzug an. Er war auf der Jagd nach immer schneller wechselnden, immer desperater klingenden Jobs, und die Unterhaltszahlungen trafen nur noch unregelmäßig ein. Und je seltener sie kamen (genau genommen, kamen sie bald gar nicht mehr), desto sporadischer wurden die Besuche des Vaters. Die Wohnung, in die die Restfamilie zog, war so klein, dass die Mutter im Wohnzimmer schlief. Die Ausgaben für das Essen teilte sie sehr genau ein und entwickelte eine enorme Fähigkeit, die Lebenszeit bereits zerschlissener Hemden und Hosen durch ein paar kluge Nadelstiche oder ein wenig unsichtbaren Unterfütterstoff zu verlängern.

Woran sie nie sparte, waren Bücher und Spielzeug. »Es mussten schon die guten Bücher von Beltz & Gelberg sein«, wundert sich Gunnar heute noch. Dieser Verlag hat sich als Kennfarbe ein typisches Siebzigerjahre-Orange gewählt und veröffentlichte damals Kinderbücher mit formalen Experimenten, überraschenden Bild-Text-Verschränkungen, moderner Lyrik. »Dem ständigen Beobachter von Kinderliteratur ist es jedenfalls wie ein frischer Regenguß, wenn, wie in der vorliegenden Sammlung, Unterhaltung für Kinder neu angezettelt und durchprobiert wird«, lobte die *FAZ* die 1971 von Beltz & Gelberg herausgegebene Anthologie *Geh und spiel mit dem Riesen*. Ein prächtiger Band, den unter anderem eines auszeichnete: Er gefiel Eltern besser als Kindern.

Für Spiel und Spaß im Kinderzimmer hatten unsere Eltern eine klare Linie: Alles sollte »pädagogisch wertvoll« sein. Allerdings war dieser Begriff ähnlich diffus und problematisch wie das heutige »politisch korrekt«, denn etwas ursprünglich Vernünftiges verwandelte sich in ein Dogma. Bücher und Märchenplatten sollten den Kindern moderne Rollenbilder vermitteln, sie zu selbstständig denkenden, handelnden und fühlenden Realisten, fast möchte man sagen: Demokraten, erziehen.

Ein hehrer Anspruch, der die Kinderwarenwelt in Gut und Böse teilte. Das anarchische Urmel war den biederen Reitermädchen Hanni und Nanni haushoch überlegen. Tapfere Kinder aus Problemfamilien waren als Vorbilder geeignet, der allzu blonde Pimpf aus *Tim & Struppi* eher nicht – so sahen es zumindest unsere Eltern.

Auch wir entwickelten früh unsere eigenen Vorstellungen vom Wert eines Buches. Noch vor den sechsundzwanzig Buchstaben des Alphabets konnten wir Donald-Duck-Hefte von Rolf Kaukas epigonalen Geschichten unterscheiden und wussten, ohne dass wir bereits die übersetzerischen Fähigkeiten von Erika Fuchs goutieren konnten, dass die spießigen Fix-und-Foxi-Füchse dem wütenden Erpel hoffnungslos unterlegen waren.

Doch während wir ausschließlich ästhetische und erzählerische Finesse beurteilten, ging es unseren Eltern um Weltanschauung. Die Märchen der Brüder Grimm, spannend erzählt, aber brutal und voller reaktionärer Stereotypen wie Prinzessinnen, Könige und böse Hexen, wurden von Janosch ins Possierlich-Skurrile umgeschrieben. Um es im Jargon jener Tage zu sagen: Eine Zensur fand statt.

Ähnlich ideologisch ging es beim Spielzeug zu. Am liebsten sollte alles aus Holz sein: Ein paar Bauklötze und ganz viel Fantasie – das wäre in den Augen unserer Eltern ausreichend gewesen. Doch da hatten sie die Rechnung ohne uns gemacht. Denn Spielzeug dient ja nicht nur als Beschäftigungstherapie, sondern ist das erste Gebiet, noch vor der Kleidung, auf dem sich Kinder in den lebenswichtigen Disziplinen Konkurrenzkampf, Neid und Markenfetischismus üben können. Wir spielten schließlich nicht zum Spaß, sondern um fürs Leben zu trainieren.

»Was willst du denn mit einer Barbie-Puppe?«, lautete der etwas matte Return unserer Eltern in dem Duell, das in wirklich jeder Familie mit ideologischem Eifer und Unnachgiebigkeit geführt wurde. Für unsere Eltern lag auf der

Hand, dass diese Plastik-Blondine mit den kapitalistischen Idealmaßen nur eines im Sinn hatte: ihre Töchter zu eifrigen Konsumentinnen zu erziehen. Denn was war schon erreicht, wenn man der Tochter eine Barbie schenkte? Anstatt Ruhe zu geben, kam sie erst richtig auf den Geschmack. Schon damals launchte der Weltkonzern Mattel praktisch täglich neue Outfits, Accessoires, Traumhäuser. Und dazu kamen ja noch Barbies Freundinnen, der Liebhaber Ken, das Kind Skipper und, vielleicht am allerwichtigsten, das Pferd. Die Folgekosten nach dem Kauf der ersten Barbie waren für Eltern überhaupt nicht abzusehen. Und, vielleicht am allerschlimmsten, Barbie repräsentierte ein gestriges Frauenbild. Wobei Letzteres natürlich viel besser klang, wenn es darum ging, den Kauf zu verweigern.

Kleine Mädchen können verdammt hartnäckig sein, Eltern allerdings auch. Wenn sie ihren Barbie-Boykott tatsächlich durchhielten, dann gab es für die Tochter nur eine Chance, ihr Gesicht zu wahren: Sie musste beschließen, Barbie total kommerziell zu finden und alle Mädchen, die mit ihr spielten, aus vollstem Herzen zu verachten.

Bei den Jungs war es nicht weniger kompliziert. Unsere Puppe hieß Big Jim. Er hatte einen beweglichen Karatearm, einen Jeep mit Nashorn-Fangvorrichtung und viele muskulöse Freunde. Seltsames Männerbild, könnte man einwenden, aber selbst in den pazifistischen Siebzigern lockte man Jungs eben mit paramilitärischen Abenteuern, mit Waffen, Kriegsgerät und natürlich mit Autos.

Auch hier zeigten sich unsere Eltern als Realpolitiker. Sie ließen zu, was ohnehin unvermeidlich war, freilich in homöopathischen Dosen.

Als Debattenprofis nutzten sie das Zugeständnis, um ihre wichtigste Forderung durchzusetzen: Wenn wir schon Cowboy und Indianer spielen wollten, dann doch bitte nicht in der Wohnung. Denn »draußen«, das war für unsere Eltern das »pädagogisch Wertvollste«. Egal, wie gemütlich wir es uns in selbst gebauten Höhlen gemacht hatten, egal, wie spannend die Sendungen im Fernsehen waren, am Nachmittag sollten wir an die »frische Luft«.

Heute, da wir selbst Kinder haben, verstehen wir auch endlich, warum: die vollkommene Abwesenheit von Getrappel und Geschrei. Es herrscht eine himmlische Ruhe, sobald die Kinder draußen sind. Es ist zu vermuten, dass »frische Luft« nicht nur für Kinder gesund ist, sondern vor allem für Eltern. Manche waren deswegen so konsequent, gleich ganz aufs Land zu ziehen.

Nachdem ihr Mann die Beziehung ein paarmal zu oft als ein wenig zu offen ausgelegt hatte, zog Leas Mutter Ursel mit ihren zwei Kindern in ein malerisches, wenn auch leicht baufälliges Bauernhaus. In dem Dorf fanden jeden Herbst Manöver der Bundeswehr statt. Am Frühstückstisch schimpfte die Mutter auf die Soldaten und das Militär im Allgemeinen, während Leas kleiner Bruder Karl in sein frisch geschrotetes Dinkelmüsli starrte. Nach der Schule rannte er, wie alle Jungs in seiner Klasse, den Panzern hinterher, fachsimpelte über Geschwindigkeit und Durchschlagskraft, und an besonderen Glückstagen ließen ihn die Soldaten im Inneren eines Panzers herumklettern. Hinterher fühlte er sich wie nach einem Ladendiebstahl: glücklich. Erleichtert, dass ihn niemand erwischt hatte. Und pädagogisch total wertlos.

Das dritte Ideal, dem unsere Eltern bei der Wahl unserer Freizeitaktivitäten nachhingen, war die so genannte musische Erziehung. Die Siebziger waren die Jahre, in denen Kreativität noch nicht den schalen Beiklang allzu vieler Volkshochschulkurse angenommen hatte und in denen jede Kinderseele ihren künstlerischen Ausdruck finden sollte. Fimo, Granulat, Fingerfarben, Makramee, Töpfern, Wachsmalstifte, Seidenmalerei – unserer Fantasie waren keine Grenzen gesetzt. Hauptsache, wir trainierten sie eifrig. Eine der experimentellsten Ausdrucksmöglichkeiten bot der Spirograf: ein Set von Plastikzahnrädern in verschiedenen Größen, mit deren Hilfe wir geometrische und zugleich sehr wirre Zeichnungen anfertigen konnten. Kunst, wenn man es so nennen will, war dann nur noch eine Entscheidung zwischen der einen oder anderen Schablone.

Unsere Eltern ließen sich davon nicht beirren. Sie schätzten die Stunden, in denen wir einer ruhigen, mechanischen Tätigkeit nachgingen, aber auch das Gefühl, dass ihr Kind wieder einen kleinen Schritt in Richtung schöpferischer Geist getapst war. Deswegen nahmen sie auch die weniger virtuosen Erzeugnisse überschwänglich in Empfang. »Hast du das ganz allein gemacht?«, fragten sie dann mit vielleicht ein wenig forcierter Bewunderung, wenn wir einen im Brennofen der Schule zusammengesackten Tonelefanten mitbrachten. Natürlich stachelte uns das zu immer kühneren Projekten an, die dann von unseren Eltern in der Wohnung platziert und nichts ahnenden Besuchern vorgeführt wurden.

Mit der gleichen Begeisterung nötigten sie uns zum Erlernen von Musikinstrumenten. Erster Schritt war die musikalische Früherziehung, Gruppenunterricht an den so genannten Orffschen Instrumenten: Klanghölzer, Xylofone, alles was melodisch eher undifferenziert, dafür aber irgendwie »warm« klang. Und dann waren wir auch schon in der Blockflötenklasse gelandet, jenem ersten Auffangbecken für die Kinder ambitionierter Eltern. Schwer zu sagen, ob dieses Instrument tatsächlich als Steigbügel in die Welt der Harmonien und Kadenzen dient oder ob die C-Flöte nicht vielmehr durch ihren schrillen Ton eine eher abschreckende Wirkung hat. Zu bewundern sind in jedem Fall unsere Eltern, die sich jedes neu erlernte Lied geduldig anhörten, auch wenn die hohen Töne in grelles Zirpen rutschten.

Jedes noch so halbherzige Signal, dass wir uns auf einem weiteren Instrument versuchen wollten, wurde sofort durch einen Gang in den Musikalienhandel aufgenommen. Und da der Kauf einer Klarinette oder eines Klaviers für die meisten Familien durchaus eine größere Investition war, baute sich ein psychologischer Druck auf, den unsere Eltern mit ganz viel Lob verdaulich zu machen versuchten.

Interessanterweise war es dafür vollkommen unerheblich, ob die Eltern selbst musikalisch waren. Zwar war es in unserer Kindheit verschrien, den Nachwuchs zu kleinen Zirkuspferden abzurichten, die auf Zuruf ihre Nummern aufführten. Aber viele unserer Eltern hatten in ihrer Jugend keine Chance, regelmäßig Flöte zu üben. Sie waren nicht alle »Ballett-Muttis«, aber sie wollten uns ermöglichen, was ihnen selbst verwehrt geblieben war.

Heute tut es uns Leid, dass wir nicht auf sie gehört

haben. Nachdem wir drei Instrumente ein bisschen beherrschten, und keines richtig, ließen wir sie im Keller unserer Eltern verstauben. Manchmal nehmen wir sie in die Hand, stellen fest, dass wir die Grundgriffe noch beherrschen – und legen sie wieder weg. Während des Studiums war einfach keine Zeit, sagen wir uns, und jetzt ist es viel zu spät. Doch wenn unsere Kinder in die Vorschule kommen, dann werden wir Wert darauf legen, dass sie ganz viel singen.

»Seid mal still, Papa guckt *Tagesschau.*«
Wie unsere Eltern das Fernsehen bekämpften

Sobald wir den Ein-und-Aus-Knopf betätigen konnten, sagten unsere Eltern dem Fernsehen den Kampf an und streuten das Gerücht, dass es schlecht für die Augen sei. Um die schlimmsten Schäden zu verhindern, hatten Ärzte einen Mindestabstand ermittelt, den Kinder einhalten sollten: die fünffache Diagonalabmessung des Bildschirms. Und da weder Feng-Shui noch Wasseraderforschung ihre heutige Verbreitung hatten, wurden nach dieser Pi-mal-Daumen-Schätzung ganze Sitzlandschaften ausgerichtet. Doch wir legten uns lieber auf den Boden direkt vor den Bildschirm, wie es zum Beispiel auch der *FAZ*-Filmkritiker Michael Althen empfiehlt. Wenn sie mit medizinischen Argumenten nicht weiterkamen, behaupteten unsere Eltern einfach, dass ein Fernseher »implodieren« könne, wenn er zu lange am Stück laufe. Diese Drohung war, wie wir schon damals ahnten, nicht viel glaubwürdiger als Rückenmarkschwund infolge von Selbstbefriedigung, machte aber das Programm für uns trotzdem noch spannender.

Manche Eltern versuchten es deshalb mit klaren Verboten: Bei den einen waren es strikte Zeiten, ab Viertel nach acht war alles tabu, bei anderen galt das Nein nur für bestimmte Sendungen. Dabei nahm *Aktenzeichen XY* eine herausragende Stellung ein. Die Laienhaftigkeit der Einspieler unterstrich die Echtheit und damit die Bedrohlichkeit der Fälle, was heute wie eine Vorwegnahme des Reality-Fernsehens wirkt. Unsere Eltern wollten uns vor der Welt des Verbrechens bewahren. Dabei scheint unklar, was uns heftigere Albträume bereitete: die Raubmorde, die uns »Ede« Zimmermann zur Warnung und Aufklärung servierte. Oder die Scham, auf dem Schulhof mal wieder der Einzige zu sein, der *XY* nicht gesehen hatte.

Deshalb war das Fernsehen einer der ersten Anlässe, Widerspruch und Ungehorsam zu trainieren: Wir blieben ganz still sitzen, damit unsere Eltern unsere Anwesenheit vergaßen. Wir schlichen im Schlafanzug zur Wohnzimmertür und hofften, dass sich unser Kopf nicht in der Mattscheibe spiegelte, auf die sie starrten. Wir nutzten jede Minute, die sie außer Haus waren, und entwickelten dabei die Fähigkeit, auch während wildester Schießereien in einem Western den leise heranrollenden Wagen unserer Eltern zu hören.

Ihr Kampf gegen »die Glotze«, wie Helmut Schmidt das Medium nennt, war auch deshalb so erfolglos, weil sie ihren Besitzerstolz gerade in den frühen Jahren nicht verbergen konnten. Der Fernseher war das Zentrum jeder Wohnzimmerschrankwand, die Türen, hinter denen man ihn verstecken konnte, standen weit offen. Wenige Jahre später wurden aus den Furnierholzkästen zart gerundete Kunststoffobjekte (gern in Weiß), die mit einem expressiven Fuß zur frei stehenden Skulptur geadelt wurden. So wie in den späten Neunzigern ein besonders kleines Handy besonders viel Prestige verlieh, so wollten unsere Eltern mit den aktuellen Entwicklungen auf dem Fernsehermarkt mithalten. Wobei es wie immer zwei Standpunkte gab: stets der Erste zu sein. Oder als Zeichen entspannter Konsumverweigerung in den Schwarzweißfernseher ohne Fernbedienung zu schauen, wenn alle Nachbarn bereits mit ihrem Farbgerät prahlten.

Was dann folgte – unvermeidlich in der Laufbahn eines Massenmediums –, war der Abstieg vom Statussymbol zum schnöden Dienstleister. Bei Björns Eltern begann er mit dem Erwerb eines Zweitgerätes für die Küche. Später wurde fürs Wohnzimmer ein kleiner, »praktischer« Apparat gekauft, die große Wohnzimmerkiste kam ins Schlafzimmer der Eltern. Und wenn Björn abends nach Hause kam, schimmerte oft noch bläuliches Licht in den Vorgarten. Er schlich dann zu seinen Eltern und machte den Fernseher aus, vor dem sie – es war ja so bequem – mal wieder eingeschlafen waren.

»Übrigens (ist) das, was Politiker für Politik halten, absolut fernsehtauglich«, erklärte Hans Magnus Enzensberger in seinem Essay *Das Nullmedium oder Warum alle Klagen über das Fernsehen gegenstandslos sind* von 1988, einem Schlüsseltext für Fernsehhasser. »Während der bedauernswerte Minister sich einbildet, die Ansichten und Handlungen seines Zuschauers zu beeinflussen, befriedigt die seimige Leere seiner Äußerungen nur das Bedürfnis des Publikums, von Bedeutung verschont zu bleiben.«

Die meisten Väter würden es weit von sich weisen, dass

es die Sehnsucht nach Bedeutungslosigkeit ist, deretwegen sie alles stehen und liegen lassen, wenn die 20-Uhr-Fanfare ertönt. Seit wir sehen können, verfolgen unsere Väter die *Tagesschau* bis zum bitteren Wetterbericht. »Seid mal still, Papa guckt die *Tagesschau*«, hörten wir früher unsere Mütter, doch die Mahnungen waren gar nicht nötig. Wenn andere Familienmitglieder dazwischenquatschten, ob Schmähworte über die Gewerkschaften oder Hinweise auf zerkochendes Gemüse, dann sorgten die totale Reaktionslosigkeit und Konzentration wie von selbst für Ruhe. Und es ist nicht etwa, wie der beherzte Weltendeuter Enzensberger glaubt, die Aussicht auf ein fünfzehnminütiges Nickerchen mit offenen Augen, die unsere Väter vor die Nachrichten treibt. Es ist der unerschütterliche Glaube, dass zwei Dinge im Leben eine Rolle spielen: die Bundesliga und jede Marginalie, die ein Generalsekretär, der Chef der Bundesagentur für Arbeit oder der BDI-Präsident in ein Mikrofon gesprochen haben.

Für gläubige Demokraten wie unsere Eltern ist die *Tagesschau* der abendliche Gottesdienst. Deswegen haben die Nachrichten in den Privatsendern bei ihnen auch keine Chance. Denn warum das Wissen, dass Jennifer Lopez ihre dritte Hochzeit zum vierten Mal verschoben hat, lebenswichtig für sie sein soll, will ihnen einfach nicht in den Kopf.

Die Zuschauergewohnheiten unserer Mütter sind weniger berechenbar. Mal überraschen sie uns mit der Inszenierung von *La Traviata* auf 3sat, die sie sich fast bis zum Ende angesehen haben. Dann wieder regen sie sich über Stefan Effenbergs Auftritt bei Johannes B. Kerner auf. Vielleicht gucken sie ja einfach fern, wenn sie zu müde zum Arbeiten und zu faul zum Lesen sind. Und hoffen auf einen »schönen Film«, eine anrührende, aber nicht zu blutige Dokumentation oder eine dieser gemütlichen Talkshows wie *3 nach 9*, in denen sich Schauspieler bei der Eigen-PR noch richtig viel Zeit lassen dürfen. Man muss es wohl so sagen: Wenn überhaupt, dann lieben unsere Eltern altmodische Programme. Was man auch daran erkennt, mit welcher Beharrlichkeit sie »zappen« falsch aussprechen.

Aus ihrer Skepsis gegenüber dem Medium wurde offene Ablehnung, als das Privatfernsehen ihnen den Krieg erklärte. Der frühere RTL-Chef Helmut Thoma, der im Alter unserer Eltern ist, verkündete in Interviews, dass der Köder dem Fisch schmecken müsse und nicht dem Angler. Auf gut Österreichisch hieß das, sein Programm war ein totaler Schmarrn. Aber es gefiel den sehr jungen Fischen, auf die es Thoma abgesehen hatte. Er propagierte am lautesten das Dogma der werberelevanten Zielgruppe, der Zuschauer zwischen vierzehn und neunundvierzig Jahren. Alle anderen waren ihm erklärtermaßen egal. Das war eigentlich nur marktwirtschaftlich gedacht, aber so unverfroren offen hatte sich das im durch und durch regulierten Medienstandort Deutschland noch keiner zu sagen getraut. Die Empörungsbeauftragten der Länder, Kirchen und Feuilletons – also die Klassensprecher unserer Eltern – revanchierten sich, indem sie den nahenden Untergang des Abendlandes am Bikini der »Kirsche« in der Strip-Sendung *Tutti Frutti* festmachten.

Das war nicht ganz gerecht, denn alles, was den Privaten vorgeworfen wurde, hatten die Öffentlich-Rechtlichen vorher erprobt. Ein Übermaß an Sex? Der *Tatort*-Krimi *Reifeprüfung* mit Nastassja Kinski oder die »Ulksendung« *Klimbim* waren auch nicht prüde. Exhibitionismus und Krawall in den Talkshows? Schon bei Dietmar Schönherrs *Je später der Abend* in den Siebzigern baggerte Romy Schneider vor laufender Kamera Burkhard Driest an, und Fritz Teufel bespritzte in *3 nach 9* den damaligen Finanzminister Hans Matthöfer mit Zaubertinte aus einer Wasserpistole. Idealisierte Traumwelten in den Soap-Operas? Den Weg für *Gute Zeiten, schlechte Zeiten* bereiteten *Dallas* (ARD) und *Denver Clan* (ZDF), zwei Serien, deren Einfluss gar nicht hoch genug eingeschätzt werden kann. Wenn sie heute im Spätabendprogramm von Kleinsendern wiederholt werden, verwundert es doch sehr, dass sie mal die Fernsehnation fasziniert haben. Endlose Kamerafahrten über eine unattraktive texanische Farm; Autos, die hin und her kurven; wochenlange Diskussionen, ob Pamela Ewing (Victoria Principal) nach Paris fliegen darf, um bei einer Modenschau als Model zu arbeiten. Ridley Scott hat kürzlich einen Director's Cut des Sciencefiction-Films *Alien* angefertigt, der fünf Minuten kürzer ist als das Original, weil sich die Sehgewohnheiten, so der Regisseur, in den vergangenen zwanzig Jahren beschleunigt hätten. Wenn man so rechnet, dürfte der Director's Cut einer ganzen *Denver-Clan*-Staffel – denn diese Serie war noch langsamer als *Dallas* – heute nur ungefähr fünfeinhalb Minuten lang sein. Die hätten es dann aber in sich: eine Nymphomanin, die einen Milliardär zu Tode »liebt«, ein Milliardär, der den Liebhaber seines Sohnes die Treppe hinabstürzt, eine Milliardärstochter, deren Hochzeit mit einem Königssohn in einem Blutbad endet. Die Öffentlich-Rechtlichen waren also die Ersten, die die Schönen, Reichen und Bösen ungehemmt feierten.

»Wir sehen das nur euch zuliebe«, wollten unsere Eltern uns glauben machen, wenn sie mit uns vor *Dallas* und *Denver Clan* saßen. Sie fanden diese Serien »niveaulos« und kritisierten, waren sie ja am Neorealismus ihrer Jugend geschulte Filmkonsumenten, dass sie es mit Traumwelten zu tun hatten. Dann aber verabscheuten sie JR und bemitleideten Miss Ellie, hielten Blake für einen brutalen Machtmenschen und kopierten die Frisur von Krystle. Sie nahmen die Figuren ernst, aber nicht das Ganze. Bei uns war es genau umgekehrt.

An dieser 180-Grad-Drehung der Medienrezeption erklärt sich der entscheidende Generationenunterschied. Unsere Eltern beharren eigentlich wider besseres Wissen darauf, dass es um Inhalte, Menschen, Aufklärung geht. Wir dagegen bewerten an Fernsehsendungen ausschließlich die Qualität der Inszenierung. Das kann man, je nach Veranlagung, mit den französischen Strukturalisten begründen oder mit der Figur von Pamela Anderson.

Die Selbstreferenzialität des Mediums, die Tatsache, dass Fernsehen vor allem sich selbst zum Thema hat, führt bei unseren Eltern zur Entfremdung. Sie könnten dem meisten, was sich auf dem Bildschirm abspielt, noch folgen, aber sie wollen nicht so richtig. Zwar lachen sie über Harald Schmidt, aber sie sehnen sich insgeheim nach dem weltanschaulich klaren *Scheibenwischer* mit Dieter Hildebrandt.

Sie bleiben bei *Wetten, dass ...?* hängen, fanden jedoch die Produktparade in *Das laufende Band* im Grunde unterhaltsamer als balancierende Bagger. Die stets ein wenig gewollt wirkende Ironie von Nina Ruge ist nur ein Abglanz des Glamours von Margret Dünsers *VIP-Schaukel*. Und was ist schon Sabine Christiansen gegen Friedrich Nowottny? Vor allem die Politikberichterstattung hat gelitten: Die Urgewalt eines aus München in die *Elefantenrunde* geschalteten stocktrunkenen Franz Josef Strauß lässt die mühsam konstruierten Provokationen eines Guido Westerwelle verblassen. MTV und Viva, wenn sie sie überhaupt programmiert haben, bereiten unseren Eltern nur Kopfschmerzen, obwohl sich unsere Mütter mit der unverwüstlichen Sharon Osbourne bestimmt blendend verstehen würden. Der Reiz einer Call-in-Show, in der Anrufer rätseln, welcher Fluss durch Frankfurt an der Oder fließt, will sich unseren Eltern einfach nicht erschließen. Ebenso wenig fasziniert es sie, einen fetten Mann mit rot gefärbtem Irokesen dabei zu beobachten, wie er in der *Big-Brother*-Badewanne die Oberweite einer Mitbewohnerin mustert und dann schnauft: »Du, die ham die echt schön gemacht, deine Brüste.«

Auch wir geraten da in Erklärungsnot, weswegen wir es bevorzugen, solche Fragen mit unseren Eltern gar nicht zu erörtern. Der Schriftsteller Rainald Goetz, der sich mit enormem Appetit durch alle Medien und Niveaus arbeitet, nannte sein Internet-Tagebuch aus dem Jahr 1999 *Abfall für alle*. Durch eine Kindheit vor dem Fernseher haben wir uns zu Allesfressern entwickelt, die ihre Maßstäbe und Vorlieben ständig neu definieren. Als im vergangenen

Herbst Harald Schmidt seinen Abschied von Sat.1 bekannt gab, sprachen Dieter Hildebrandt und Christina Weiss, Staatsministerin für Kultur und Medien, ihr Bedauern aus. Der Tenor ihrer Kondolenz-Statements: Schmidt habe das Medium kritisch hinterfragt. Diese Interpretation verrät vor allem, wie ernst die Trauernden selbst das Medium nehmen. Davon sind wir weit entfernt. Unsere Fernsehgewohnheiten sind paradox. Für uns ist es nicht wichtig, aber wir wollen alles mitkriegen.

Tatsächlich sind jedoch unsere Eltern die moderneren Mediennutzer. 203 Minuten verbrachten die Deutschen im vergangenen Jahr täglich vor dem Fernseher, doch unsere Eltern haben ihn, wie auch das Radio, zum Erzeuger von Grundrauschen degradiert. Die Mütter stellen ihn an, um sich beim Bügeln nicht zu langweilen, und die Väter, weil sie in seinem bläulichen Licht besonders schnell auf dem Sofa einschlafen.

So findet das Fernsehen zu seiner eigentlichen Bestimmung. Denn wenn man Enzensberger glauben darf, hat das »buddhistische Medium« einen wohltuenden Effekt auf den unschuldigen Zuschauer: »Unmöglich zu sagen, was in ihm vorgeht; doch die Augen des Säuglings, in denen sich das Fernsehbild spiegelt, nehmen einen derart hingerissenen, selbstvergessenen Ausdruck an, daß wir versucht sind, ihn glücklich zu preisen.«

»Ich muss Schluss machen, die Gebühren hier im Hotel sind so hoch.«
Wie unsere Eltern verreisen

Auf den ersten Blick waren Friedrich und Petra nicht unbedingt Kosmopoliten. Er ein pensionierter Feinblechner aus Stuttgart, ein Grantler mit Krampfadern und wenigen Haaren, sie eine Hausfrau auf Lebenszeit, eine Macherin in schwarzbunten Boxershorts und mit einer Dauerwelle, die man als energisch bezeichnen könnte. »Wir sind jetzt schon das vierte Jahr hier«, sagte Friedrich und monierte, dass der Fruchtsalatpreis um zwanzig Cent gestiegen sei, während Petra dem Mädchen in der Strandbar in schwäbisch gefärbtem Englisch erklärte, dass sie nun endlich mal die Tische ordentlich abwischen müsse. Man hätte die beiden auf einem Zeltplatz bei St. Peter-Ording vermutet, aber nicht unbedingt auf einer winzigen Insel am südlichsten Zipfel von Thailand. Um hierher zu gelangen, hatten sie einen Interkontinental- und einen Inlandsflug, einen unzuverlässigen Bus und ein äußerst ruppiges Schnellboot benötigt. Nach achtundvierzig Stunden saßen sie nun zufrieden vor ihrer Einraumstrohhütte mit eingebauter Toilettenschüssel: rechts von ihnen eine junge Schwedin, die den ganzen Tag in Yogastellungen verharrte, links von ihnen ein Pärchen aus Österreich, das schon eine halbe Stunde nach Ankunft inselweit dafür bekannt war, das beste Haschisch dabeizuhaben. Und vor ihnen Palmen, weißer Sand und ab fünfzig Zentimeter Wassertiefe riesige bunte Fische. Die beiden waren zufrieden: »Seit unsere Kinder allein in den Urlaub fahren, wollen wir ein bisschen was von der Welt sehen.«

Solange sie mit uns weggefahren waren, sahen unsere Eltern ziemlich wenig von der Welt, ihr Urlaubsziel war unser Wohlbefinden. Dass sie trotzdem jedes Jahr zwei- bis dreimal mit uns verreisten, grenzt an ein Wunder, denn für Erwachsene müssen diese Reisen entweder wahnsinnig langweilig oder ziemlich besorgniserregend gewesen sein. Fast jede Familie hatte »ihre« Nordseeinsel, wo ein kinderfreundliches Entertainment-Package aus Fahrradtouren, Salzwassertrinken im Kurhaus und Monopoly-Spielen an verregneten Nachmittagen geboten wurde. Mehr war schlechterdings nicht möglich, denn für die Kurmuschel fühlten sich unsere Eltern zu jung, fürs Austernschlürfen in der luxuriösen Reetdachhütte auch. Im Winter ging es in den Schnee, was womöglich eine noch größere logistische und finanzielle Anstrengung bedeutete: Jedes Jahr brauchte jedes Kind neue Skier, wir verloren im Tiefschnee unsere Schutzbrillen, entwickelten Aversionen gegen unsere Skischule, bis wir Kleingruppenunterricht bekamen. Immerhin waren sie uns auf diese Weise ein paar Stunden am Tag los.

Sie nahmen Reisekrankheiten und Essstörungen wie biblische Prüfungen hin, und unseren Kleintierzoo transportierten sie, so es die Quarantänebestimmungen erlaubten, durch halb Europa. Ein Hamsterkäfig, ein Reiseterrarium für die Molche, selbst kleinere Hunde wurden ins Auto gezwängt und mitgenommen. Auf einen Pflegefall mehr oder weniger kam es schließlich auch nicht mehr an. Bei der Wahl des Reiseziels setzten sie angesichts dieser logistischen Herausforderungen auf Routine. Die Gewissheit, dass Toilette, Pommesbude und Stranddusche ganz in der Nähe sind, kann mit ein paar nörgelnden Kleinkindern im Schlepptau schon das vollkommene irdische Glück bedeuten.

Doch unsere Eltern wären nicht unsere Eltern, wenn sie sich damit zufrieden gegeben hätten. Sobald wir etwas älter und vermeintlich verständiger wurden, ging es im Urlaub nicht mehr um Erholung, sondern um bewusstseinserweiternde Erfahrungen. Jedes Fischerdorf in Cornwall wurde mit Ehrfurcht »erlaufen«, als wäre unsere Familie die UNO-Findungskommission für das Weltkulturerbe. Und auch wenn sie überzeugte Atheisten waren, konnten unsere Eltern an keiner noch so durchschnittlichen Kirche vorbeifahren. Wenn sie dann feierlich eintraten, um die Fenster, die Skulpturen, das »Licht« zu bewundern, blieben wir im Auto oder vor der Kirche sitzen. Das war zwar wesentlich langweiliger, aber was nimmt man als Kind nicht alles in Kauf, um passiven Widerstand zu leisten.

Damals berichteten die Reiseführer noch in aller Breite über die Wessobrunner Stuckateure oder die Seilzüge beim Kathedralenbau in Chartres, wohingegen sie ja heute vor allem Gucci-Factory-Outlets, Szenebars der vorletzten Saison und die preiswertesten Internet-Cafés auflisten. Wir haben also, historisch gesehen, mit unserer Ignoranz Recht behalten. Doch wenn dann der Koffer mit Sonderangeboten gefüllt ist, sehnen wir uns nach einem altmodisch-trockenen Kulturreiseführer zurück.

Mehr noch als kulturelle Beflissenheit trieb unsere Eltern die Suche nach dem Heiligen Gral der Nachkriegsdeutschen: Authentizität. Das ungebrochene Schwelgen in der Tradition, die Selbstverständlichkeit des Seins, das engstirnige Sich-Stemmen gegen das Heute. Bröckelnde Mauern und schwarz gekleidete Witwen, unasphaltierte Straßen und düstere Osterprozessionen, großspurige Machos und streng duftende Eintöpfe machten unsere Eltern sentimental. Sie waren aus der deutschen Provinz in die Großstädte gezogen, jetzt suchten sie in Südeuropa Anschluss und Stallwärme in Dörfern, die sie zu Hause als »repressiv« eingeordnet hätten.

Wenn sie konnten, wurden sie zu den Kolonialherren der Postmoderne: Sie kauften ein Häuschen im Süden. Irgendwann waren ganze Gemeinden an der italienischen Riviera, in der Provence oder auf Mallorca von Deutschen bewohnt. Aber in dieser Hinsicht sind sie unbelehrbar: Wenn sie, wieder im regnerischen Deutschland, ihre Scheibe Ciabatta in das kalt gepresste Olivenöl tunken, denken sie nicht an die sieben anderen dunkelblauen Saabs auf dem Dorfplatz, sondern nur an die runzeligen Hände und das warme Lachen der Bauersfrau, die es ihnen verkauft hat.

Die Alternative zum Hauskauf war das Nomadentum. Die Schauspielerin Eva Renzi fuhr Anfang der Siebziger mit ihrer Tochter Anouschka im VW-Bus bis nach Indien, Uschi

Obermaier einmal um die Welt, unsere Eltern immerhin bis Rømø oder Korsika. Für sie hatte selbst der Busurlaub eine weltanschauliche Komponente. Nach den ideologischen und handgreiflichen Schlachten in den Großstädten suchten sie Innerlichkeit und Naturverbundenheit. In den Siebzigern ging es von Marx zurück zu Rousseau, und das hieß in die Landkommune. Da dieses Lebensmodell jedoch mit einem Angestelltendasein schwer zu vereinbaren war, bot die Reise im Caravan einen Ausstieg auf Zeit. Allerdings mit Rückfahrkarte und gekacheltem Bad bei der Heimkehr.

Da Kinder ja sympathischerweise in jeder Unbequemlichkeit ein Abenteuer vermuten, fanden wir das total interessant: im Zelt schlafen (der Bus war leider meist für die Eltern reserviert), Dosengerichte auf dem Gaskocher erwärmen, während der Fahrt im Fond des Busses herumspringen, weil es hier keine richtigen Sitzreihen gab. Wenn es nach uns gegangen wäre, hätten wir sowieso den ganzen Urlaub im Auto verbracht. Denn fast noch schöner als jedes Ferienziel war die Fahrt dorthin, zumal wir uns selbst für Staus begeistern konnten, wenigstens in der ersten Viertelstunde. Die Fahrt begann mit der mörderischen Frage, wer vorn sitzt, wobei sich die Regel aufstellen lässt: Je progressiver die Familie, desto eher sitzen Eltern hinten. Die Enge des chronisch überpackten Autos schuf eine reizbare Intimität, Streits waren vorprogrammiert, die Themenpalette begrenzt: Radio ein oder aus und wie laut? Wer hält die Landkarte? Und vor allem: Warum muss immer dann jemand aufs Klo, wenn man fünf Minuten zuvor von der Raststätte losgefahren ist?

Schon bevor Autobahnraststätten preislich ins Luxussegment abgehoben waren, machten unsere Eltern einen großen Bogen darum und schleppten lieber eine großformatige Kühltasche ins Auto, die unsere Mutter scharfäugig bewachte. Sobald wir auf der Autobahn waren, überfiel uns Heißhunger auf belegte Brote, Äpfel, Capri-Sonne-Drinks, bei denen es nie gelang, die Strohhalme durch die Metallfolie zu bohren, ohne den Rücksitz voll zu spritzen. Aber irgendwie schafften es die Eltern immer, auch nach vielen Stunden noch einen ansehnlichen Stapel in Pergamentpapier eingeschlagene Salamibrote zu zücken. Dann noch ein paar Bonbons, und bis auf ein paar Zankereien auf dem Rücksitz herrschte gespannte Eintracht. »Halt an, Adri hat ein Campino verschluckt«, war der Notruf meiner Mutter, wenn ich lange nichts gesagt hatte, blau im Gesicht wurde und zarte Kehllaute von mir gab. Die Fruchtdrops der Marke Campino wurden nach ein bisschen Lutschen glitschig wie ein Stück Seife und waren groß genug, um in einem Kinderschlund stecken zu bleiben. Das erzeugte Panik im Auto, wenn auch die Therapie recht einfach war. Mein Vater packte mich an den Füßen, schüttelte mich ein bisschen in der Luft herum, und schon landete das rote, orange oder violette Bonbon (die gelben lehnte ich ab) auf dem Asphalt. Kaum zurück im Auto, hatte ich nur eine Bitte: »Kann ich noch eins?«

Kein Wunder, dass sich bei unseren Eltern das Fernweh verstärkt, wenn sie uns endlich los sind. Die Urlaubsghettos der älteren Menschen, je nach Kontostand Kurorte oder Kreuzfahrtschiffe, meiden sie dabei. Denn auch heute wollen sie sich als Entdecker fühlen. Dabei gehen sie mit erfrischendem Eklektizismus auf Reisen. Bei der Auswahl der Ziele lässt sich, bei aller Vielfalt der Neigungen, doch eine Gesetzmäßigkeit feststellen. Als Erstes sind die Fernreisen dran. Es ist die Phase, in der Lebensträume erfüllt werden, in der sie nicht mehr so penibel aufs Geld achten, in der sie geradezu bestürzenden Abenteuergeist entwickeln. Und nicht selten auch einen unguten Sinn für Kunsthandwerk: die bunt bemalten Blechdosen von der westafrikanischen Küste, die schönen Schnitzereien aus Olivenholz vom Hippie-Flohmarkt auf Ibiza, der religiöse Kitsch aus thailändischer Massenproduktion – mit dem Gefühl, für wenig Geld originelle Geschenke für alle erstanden zu haben, kehren sie zurück. Und vergessen dabei regelmäßig, wie ernüchternd Dinge nach einem langen Flug plötzlich aussehen, die auf dem Markt oder dem Basar doch so zauberhaft wirkten.

Die schwierigen Länder, etwa China oder Peru, erledigen sie meist in der Gruppe, stöhnen hinterher über die wahnsinnig spießigen Mitreisenden und haben natürlich doch mit einigen Adressen getauscht. Mit ihrem Zwang zur Gemeinschaft sind Urlaube ohnehin eine Gelegenheit, verschüttete soziale Fähigkeiten wieder zu beleben. Selbst wenn sie zu Hause zur Eigenbrötelei neigen, unterwegs müssen unsere Eltern mal wieder plaudern, diskutieren, vielleicht sogar ein wenig flirten.

In die etwas einfacheren Länder wagen sie sich allein. So fährt unsere Mutter nach Andalusien zur Semana Santa auf eigene Faust und ohne ein Wort Spanisch zu sprechen. Nachdem wir hinreichend beeindruckt sind, flicht sie ein, dass eine ehemalige Kollegin dort seit zwanzig Jahren wohnt. Und wenn unser Vater ankündigt, dass er mit seinem Harley-Davidson-Club die Route 66 runterbrettern will (ein Traum, den er mit dem derzeitigen Verteidigungsminister teilt), dann zweifeln wir keinen Augenblick, dass er das ernst meint. Auch wenn wir nicht ganz sicher sind, ob das wirklich eine gute Idee ist.

»Meine Eltern sind aus Venedig zurückgekehrt. Sie sind unversehrt aus Venedig zurückgekehrt, es ist ihnen nichts geschehen. Man hätte sie überfallen, ausrauben und erstechen können. Es wäre möglich gewesen, daß sie an einer Fischvergiftung gestorben, in der Nacht vom Vaporetto aus angetrunken und unbemerkt kopfüber ins brackige Lagunenwasser gestürzt, auf dem Fliesenboden ihres Palazzo-Zimmers mit Herzinfarkt zusammengebrochen wären.« So beschreibt Judith Hermann in ihrer Erzählung *Aqua Alta* das Unbehagen, das wir verspüren, wenn unsere Eltern die Welt erobern. Es ist ihre Unberechenbarkeit, die uns so irritiert. Und ihre Unerreichbarkeit, denn wenn sie nach langen Tagen überhaupt einmal anrufen, erzählen sie kurz angebunden nur, dass das Wetter gut sei, und legen dann sofort wieder auf mit dem Satz: »Ich muss Schluss machen, die Gebühren hier im Hotel sind so hoch.«

Irgendwann werden ihnen diese langen Reisen in fremde Länder zu anstrengend. Es beginnt die Zeit der Städtetrips, Kurzreisen, Genießerwochenenden. Nicht selten auch die Zeit der ganz privaten Vergangenheitsbewältigung: das Wiedersehen mit Dresden, die Fahrt zu den eigenen pommerschen Wurzeln, eine Kur in Karlsbad, wo noch Verwandte wohnen.

Unvermeidlich ist dann auch die kühne Idee, wieder mit den Kindern zu verreisen. Anlass sind runde Geburtstage, manchmal auch einfach Sentimentalität. »Noch mal alle zusammen« lautet die nebulöse Sehnsucht nach der Vergangenheit, so als wären nicht alle Beteiligten erleichtert gewesen, als sie endlich allein losziehen konnten. Meist kommt es erst mal zu kleinen Koalitionen: ein Erwachsener, ein Kind. Diese Testfahrten haben für beide Seiten ihren Reiz. Eine Mutter ohne ihren Mann ist einfach amüsanter, neugieriger, weniger sparsam. Fast alle Elternpaare haben ein gegenseitiges Bremssystem entwickelt: Der eine hält sich zurück, damit der andere nicht über die Stränge schlägt. Im Lauf der Jahrzehnte haben sie fast vergessen, was sie dabei verpassen.

Wenn dann tatsächlich mal alle zusammen unterwegs sind, stellen sich auf einmal wieder Machtfragen, die eigentlich schon lange überwunden sind. Björns Eltern luden ihre Kinder in ein, wie alle Beteiligten betonten, absurd teures Hotel auf Mallorca ein, inklusive Golfkurs und täglicher Massage. Eine richtige Luxussause, aber mit klaren Grenzen. Als die Kinder abends noch eine weitere Flasche Wein ordern wollten, sagte der Vater: »Das reicht jetzt.« Und als sie die Flasche dann auf eigene Rechnung bestellten, wurde er so sauer, dass er zwei Tage lang kein Wort mehr mit ihnen sprach. Von solchen Urlauben müssen sich dann alle erst einmal ein paar Jahre erholen.

Wo, wie und für wie viel Geld das am besten geht, das recherchieren unsere Eltern auf ihre eigene Weise. Ihre Generation, die sich den Konsumverzicht ja teilweise sehr deutlich auf die Fahnen geschrieben hat, hat ein ausgefeiltes Informationsnetz über die Welt des Reisens gelegt. Egal, welchen Kontinent sie sich vornehmen, es gibt immer irgendeinen Exkollegen, Studienfreund oder entfernten Verwandten, den sie hemmungslos kontaktieren, selbst wenn das letzte Mal schon einige Jahrzehnte her ist.

Müssen sie dann doch mal im Hotel absteigen, so sind unsere Eltern gnadenlos markenhörig. Die französische Herrenhauskette Relais & Châteaux, der britische National Trust, die italienischen Agriturismo-Unterkünfte sind ja im Grunde Labels, die den besonders unverfälschten Urlaubsgenuss versprechen. Ganz zu schweigen von den genialen Slow-Food-Funktionären: Sie kämpfen für die unverdorbene regionale Küche, die einfache Trattoria am Dorfplatz – und was könnte unsere Eltern glücklicher machen als das Bewusstsein, beim Pastaessen die Welt zu verbessern? Mindestens ebenso wichtig ist der Studiosus-Konzern, der auf der ganzen Welt »Bildungsreisen« anbietet. Das wischt zum einen jede Art von schlechtem Gewissen beiseite und ist zum anderen wahnsinnig bequem. »Diese junge Sinologin hat das ganz toll gemacht«, fachsimpeln unsere Eltern, wenn sie von der Chinesischen Mauer zurück sind, und klingen dabei wie echte Traveller. Selbst bei Sehenswürdigkeiten misstrauen sie dem Establishment, und so berichten sie länger über die »junge Sinologin« als über das einzige Bauwerk, das man vom Mond aus sieht.

Wenn wir ehrlich sind, bildeten wir uns früher immer ziemlich viel ein auf unseren Welthunger: hin- und hergerissen zwischen Kreditkartenlimit und der Best-of-the-World-Ausgabe der Zeitschrift *Condé Nast Traveller*. Wir glaubten, am Strand von Valparaíso ebenso gut klarzukommen wie in einem tibetischen Bergdorf. Wie die Helden in Alex Garlands Roman *Der Strand* hofften wir, uns nach ein paar tausend Luftmeilen unseren Sehnsüchten, altmodisch formuliert: unserem »Ich«, zu nähern. Doch wen trafen wir stattdessen: unsere Eltern.

Was Weltläufigkeit betrifft, sind wir ihnen tatsächlich kein Stück voraus. Ihr deutscher Akzent mag im Englischen härter klingen, ihr Nessessär voller überflüssiger homöopathischer Kügelchen sein. Aber wenn nötig, sind sie auch heute noch in der Lage, zu improvisieren und sich durchzusetzen. Die zwanzig Cent für den Fruchtsalat hat Friedrich jedenfalls wieder heruntergehandelt.

»Darf ich auch mal ziehen?«
Wie unsere Eltern uns vor Alkohol und Drogen bewahrten

Ganz unten fing es an, im Partykeller. Wer das Glück hat, dass seine Eltern jahrzehntelang nicht umgezogen sind, der findet noch Überreste dieser etwas in die Jahre gekommenen Institution: ein kleiner Tresen, eine Kompaktanlage von Dual und ein paar Gläser, deren Form sie als Reliquien einer unbeschwerten Zeit ausweist, Sektschalen, Cognacschwenker, Sherryflöten. Ein solcher Kellerraum war im Grunde die Übersetzung der amerikanischen Cocktailparty-Kultur ins Deutsche: Da die Zeit des großbürgerlichen Salons wie auch die der kleinbürgerlichen »guten Stube« vorbei war, bemühten sich unsere Eltern um zeitgemäße Geselligkeit. Aber da sie trotz allem Deutsche waren, gingen sie zum Feiern in den Keller. Eine Eigenart, die wir von ihnen übernommen haben: von den heute so beliebten meist ebenerdig oder unterirdisch gelegenen Lounges bis zurück zu unseren ungestümen Anfängen.

»Fritz, halt mich«, seufzte meine Mutter und sank in einer blitzartigen Ohnmacht in die Arme meines Vaters. Für meine Schulkameraden hatte ich in Abwesenheit meiner Eltern eine kleine »Fete«, wie wir damals sagten, im Keller gegeben. Bei ihrem ersten Gang zur Tiefkühltruhe vorbei am Partyraum hatte meine Mutter unschwer den Geruch von Alkohol und Nikotin erkannt und mich zur Rede gestellt. Ihr lautstarkes Verhör rief die Familie zusammen: Alle schauten auf mich, ich schaute auf meine Fußspitzen. Als meine Mutter realisierte, dass ihr vierzehnjähriger Sohn eine »Sauforgie« veranstaltet hatte, schwanden ihr die Sinne.

Dass ich heute, über zwanzig Jahre später, noch immer keine Lebertransplantation habe über mich ergehen lassen müssen, grenzt für sie fast schon an ein Wunder. Unsere Eltern plagten sich jahrelang mit der Angst herum, dass wir als Alkoholiker enden würden. Oder als Drogenwrack. Wobei sie da sehr genau zu unterscheiden wussten: Während der Konsum von Drogen – zwischen Haschisch und Heroin wurde nicht allzu genau differenziert – eines der wenigen praktisch unantastbaren Tabus war, herrschte bei Alkohol eine für alle Seiten schwer durchschaubare Doppelmoral. Ob nun Suchtverhalten genetisch bedingt ist oder nicht, auf jeden Fall kann man sagen: Es wird weitergegeben. Deshalb lohnt sich ein tiefer Blick in die Gläser unserer Eltern.

Als Johannes' Vater einmal mit einer Schürfwunde an der Schläfe und sehr schlechter Laune am Frühstückstisch saß, gab er seinen vier Kindern Rätsel auf. Zwar ahnten sie schon, dass er die Sittenstrenge seiner katholischen Frau nur halbherzig mittrug. Doch ihnen gegenüber trat er auf, wie es für einen kleinen selbstständigen Elektriker angemessen schien: kontrolliert und mit ausgeprägter Neigung, Recht zu behalten. Die Unfallursache wurde an diesem Morgen verschleiert, denn was ein Sturz im Vollrausch oder ein Kater am Morgen danach ist, mit derartigem Wissen wollten unsere Eltern uns nicht belasten. Am liebsten wären sie Abstinenzler geworden, um uns ein gutes Beispiel zu geben. Die pädagogisch sicher ehrenwerte Haltung zielte jedoch an ihren eigenen Gewohnheiten und Bedürfnissen vorbei. Bald gaben sie ihre Desinformationspolitik auf und verhielten sich ganz natürlich: Sie tranken, wenn sie glücklich waren, wenn sie traurig waren, und vor allem: Sie tranken vor unseren Augen.

An einem der schönsten Tage seines Lebens kam Björns Vater nach Hause und köpfte mit seiner Frau eine Flasche Champagner. Dann wählte er eine Telefonnummer, wartete, bis sich eine Männerstimme meldete, sagte »Arschloch« und legte kichernd auf. Björns Vater, der hemdsärmelige Selfmade-Mann, arbeitete damals für eine große Versicherung. Er verdiente viel Geld, war mit sich und der Welt zufrieden. Bis er eines Tages spürte, dass ihn seine Vorstandskollegen schnitten. Sie aßen nicht mehr mit ihm zu Mittag, luden ihn nicht mehr zu privaten Partys, mieden jeden Kontakt. Nach Wochen der Verunsicherung erfuhr er den Grund für ihr Verhalten: Es lag eine Beschwerde gegen ihn vor wegen sexueller Belästigung von zwei Mitarbeiterinnen aus Abteilungen in anderen Städten. Bei Firmenfesten habe er sie im Vollrausch angegrabscht und versucht, sie abzuschleppen.

So ein Verdacht kann eine Karriere beenden, doch Björns Vater wehrte sich. Er sprach mit beiden Frauen, die zwar mit ihm getanzt, sich aber nicht belästigt gefühlt hatten.

Wie sich herausstellte, war es einer seiner direkten Kollegen, der ihn diffamiert hatte. Als der daraufhin seinen Job verlor, fuhr Björns Vater am Feierabendverkehr vorbei auf der Standspur nach Hause und fühlte sich zwanzig Kilo leichter. Und wie feiert ein Vater eine überstandene Krise, die durch Alkohol verursacht worden ist? Er genehmigt sich einen ordentlichen Schluck.

Das Lebensgefühl reuelosen Alkoholgenusses war eines der wenigen, das unsere Eltern von ihren Eltern übernahmen. So wie wir dann später von ihnen. Wobei uns der Schritt vom Spaßtrinker zum Connaisseur noch bevorsteht. »Das Weingut liegt etwa zehn Kilometer von unserem Haus entfernt. Ein sehr ordentlicher Chianti.« Derartige Angebereien bilden in der Erzählung *Die Flucht in die Falle* des Schriftstellers Robert Gernhardt den Auftakt eines Besäufnisses im Milieu der Toskana-Fraktion. Der Rausch ist auch hier willkommen, aber nur, wenn er mit locker demonstrierter Kennerschaft verbunden ist. Die Weinbestellung wird zum Schaulaufen, ein gut bestückter Weinkeller gilt als Statussymbol. Denn Schluck für Schluck sind unsere Eltern zu Genießern geworden. Es begann damit, dass sie aus dem Elsass ein paar Kisten Gewürztraminer, später Riesling mitbrachten, sie staunten über das Preis-Leistungs-Verhältnis des Château Bonnet bei Jacques' Wein-Depot, und das Verkostungsschmatzen im Restaurant kam ihnen mit mediterraner Grazie über die Lippen. Irgendwann war für sie der Griff nach der Dekantierente so selbstverständlich wie für einen toskanischen Gutsherrn.

So konsequent unsere Eltern uns von Drogen fern halten wollten, so bereitwillig haben sie uns an den Alkohol herangeführt. Was gibt es auch Süßeres, als wenn die kleine Tochter am Sekt nippt und dann angeekelt das Gesicht verzieht? Wie kann man dem fast schon halbwüchsigen Sohn nach dem gemeinsamen Lauf auf dem Trimm-dich-Pfad ein Bier abschlagen? Und überhaupt: Ist es nicht besser, sie trinken mit ihren Eltern ein gepflegtes Glas Wein als irgendwelchen Fusel am Badesee? Wenn die eigenen Kinder jedoch das erste Mal außer Kontrolle geraten, dann ist der Schrecken der Eltern groß. Das Lübzer Pils, das ich mit meinen DDR-Cousins am Plauer See trank, konnte ich noch geheim halten, meine erste Alkoholvergiftung nicht. Nach einer Flasche Pernod kniete ich wimmernd auf dem Badezimmerboden eines Schulkameraden, der am Telefon meiner Mutter zu erklären versuchte, warum ich nicht zum Mittagessen daheim sein würde. Wenige Minuten später stand mein Vater vor der Tür, lud mich ins Auto, und meine Mutter schwört bis heute, dass ich grün im Gesicht war, als sie mich die Treppe zu meinem Zimmer hochwuchtete. Aber typisch Mutter: Danach saß sie mit Engelsgeduld stundenlang an meinem Bett, damit ich ungefährdet meinen Rausch ausschlafen konnte. Seitdem bemühen wir uns beide, nicht allzu oft in diese Situation zu geraten.

Wahrscheinlich ist das Unwohlsein unvermeidbar, das ein Sohn empfindet, wenn er betrunken nach Hause kommt und seine Mutter im Morgenmantel trifft. Weder Halsbonbons noch eiserne Konzentration helfen da: Sie kennt uns länger als wir uns selbst. Sie hat eine Nase so fein wie ein

Raubtier. Und sie hat danach die ganze lange schlaflose Nacht Zeit, darüber nachzugrübeln, ob ihr Kind ein Suchtproblem hat.

Nichts von dieser sympathisch inkonsequenten Haltung war übrig, wenn es um Drogen ging. Dabei waren es ja die Helden ihrer Generation, die das Thema so populär gemacht haben. Popstars wie Janis Joplin, Brian Wilson oder Lou Reed wurden ja auch für die Konsequenz geliebt, mit der sie sich zu Grunde richteten.

Bewusstseinserweiternde und -beschleunigende Substanzen haben es an sich, dass sie Prinzipien lockern und Grundsätze infrage stellen. Als im Herbst 2003 in der Wohnung der FDP-Generalsekretärin Cornelia Pieper ein paar Cannabis-Pflanzen gefunden wurden, glaubte sie offenbar noch, die FDP sei eine Spaßpartei, und witzelte: »Das ist die grüne Aufzucht meines Sohnes.« Als sie den Ernst der Lage erkannte, wurde gedruckst, geflunkert und beschönigt. Weder die Politikerin noch ihre Partei kamen auf das Nächstliegende, nämlich zu fragen: Was ist schon dabei? Immerhin wurde bereits in den frühen Achtzigern darüber diskutiert, weiche Drogen freizugeben, allen voran der damalige FDP-Innenminister Gerhard Baum. Doch es ist wenig geblieben von der schönen Vorstellung, dass das Bewusstsein ein sehr dehnbarer Muskel sei.

Der Siegeszug von Haschisch und LSD begann in den Sechzigerjahren, die Generation unserer Eltern hat Drogen zum Konsumartikel gemacht. Wie schnell das gehen kann, zeigt der empfehlenswerte Film *Lass mich küssen deinen Schmetterling* von 1968. Peter Sellers spielt einen zum Hippie konvertierten Anwalt, der seinen strengen Schwiegereltern versehentlich Haschkekse reicht. »Mmmmh«, schnurren beide nach den ersten Bissen, stecken sich ein Brownie nach dem anderen in den Mund, werden im Lauf weniger Minuten ausgelassen, dann hysterisch. Die Schwiegereltern sind als Spießer gekommen, sie taumeln als Mitglieder einer großen glücklichen Familie nach Hause. Und, so suggeriert der Film: Sie werden wiederkommen.

Wenn dagegen Ulrich Wickert, Bill Clinton oder Hans Eichel ihre Erfahrungen als Kiffer gestehen, dann nur stark relativiert: »Nichts gemerkt« und »Nicht inhaliert« lauten die gängigen Selbstabsolutionsformeln. Und überhaupt sei es ja nur ein One-Night-Rausch gewesen. Dabei gehören diese Herren noch zu den Ausnahmen, denn die Mehrheit unserer Eltern war naiv und unschuldig. Sie hörten die Musik der Beatles und wunderten sich über deren gute Laune. Dass Paul und John auf der Toilette der britischen Königin einen Joint durchzogen, bevor sie sich den Hosenbandorden anheften ließen, das kam ihnen nicht in den Sinn.

Trotzdem waren Drogen eines der Phantome unserer Kindheit und einer der konkretesten Albträume unserer Eltern, was uns betraf. »Ich suchte mir in Ruhe das sauberste Klo aus. Ich war wirklich total ruhig. Ich hatte keine Angst. Ich hätte nie gedacht, daß so ein Selbstmord so undramatisch ist. Ich dachte nicht an mein bisheriges Leben. Ich dachte nicht an meine Mutter. Ich dachte nicht an Detlef. Ich dachte nur an meinen Druck.« So kalt beschrieb Christiane F. ihre letzten Minuten vor dem (dann doch nicht) Goldenen Schuss. Das Mädchen aus dem Berliner Neubauviertel Gropiusstadt wurde mit dreizehn heroinsüchtig und später Titelheldin einer *Stern*-Serie. »Die Geschichte der Christiane F. wiederholt sich in Berlin, in Kleinstädten und Dörfern bereits zehntausendfach«, droht der Klappentext des Buches den Lesern, unseren Eltern.

So wie nach *Der weiße Hai* jeder im Ozean schwimmende Mensch sein eigenes Bild aus der Perspektive des von unten angreifenden Raubfisches vor Augen und ein todbringendes Kontrabassmotiv im Ohr hatte, konnten unsere Eltern nach den Geständnissen der Christiane F. durch keinen Bahnhof mehr gehen, ohne nicht die herumlungernden Jugendlichen zu beäugen und zu grübeln: »Sieht so ein Babystrich aus?« Und vor allem: »Könnte das auch meine Tochter sein?« Wie sollten sie auch einschätzen, wann der Sog einsetzt: mit der ersten Velvet-Underground-Platte? Mit den älteren Freunden, die nach süßlichem Rauch riechen? Oder doch erst, wenn das Kind bereits Stereoanlage und Fernseher versetzt hat, nur noch Kleidung mit langen Ärmeln trägt und von Trinkjogurt lebt?

Für uns sah das naturgemäß etwas anders aus: Nicht dass wir mit den Kindern vom Bahnhof Zoo hätten tauschen wollen, aber ihre Welt machte uns neugierig. Die legendäre Westberliner Diskothek Sounds, die verführerischen Fotos von Christiane F.s Freundinnen und ihrem Lover Detlef. Und natürlich David Bowies Hit *Heroes* auf dem Soundtrack von *Wir Kinder vom Bahnhof Zoo* – die Berlin-Hymne unserer Generation.

Da die Gefahrenzone schwer abzustecken war, setzten unsere Eltern enge Grenzen. Als Björns ältere Schwester

Anita ihren 18. Geburtstag ausgerechnet im Garten ihrer Eltern feierte (keine Ahnung, warum wir uns immer wieder dazu hinreißen ließen), gab es vorher eine klare Ansage des Vaters: »Sauft, so viel ihr wollt, aber keine Drogen!« Die Party war ein voller Erfolg. Statt fünfundzwanzig kamen fünfundsiebzig Gäste, mehrere Beete mussten danach neu bepflanzt werden (die Brombeere hat sich bis heute nicht erholt), und Anita wurde pünktlich um halb zwölf bewusstlos. Als sie aufwachte, waren alle verschwunden, und ihr Vater fühlte gerade ihren Puls. Nachdem er sich vergewissert hatte, dass sie noch lebte, fiel sein Blick auf Anitas Geburtstagsgeschenk von ihren Freunden: eine selbst gebastelte Halskette, an der siebzehn Joints baumelten. Den achtzehnten hatte sie vor ihrem Black-out noch geraucht.

Sobald wir eine eigene Wohnung und einen Job haben, sind Drogen für unsere Eltern schlagartig kein Thema mehr. Eigentlich unverständlich: Sie achten weiterhin genau auf unser blasses Gesicht, unsere erstaunlichen Ernährungsgewohnheiten, unser Liebesleben und unsere Haushaltskasse. Aber ob wir heroinabhängig sind, interessiert sie nicht mehr. Vielleicht trauen sie uns die wirklichen Dummheiten aber auch einfach nicht mehr zu. Das entspricht unserem Bedürfnis nach Entspannung und Seriosität. Und es hat trotzdem den gleichen ernüchternden Effekt, wie das erste Mal von einer Sechzehnjährigen auf der Straße gesiezt zu werden. Wir werden ganz gern erwachsen, aber möchten nicht unbedingt auch so aussehen.

Wir sollten uns vielleicht ein Beispiel an unseren Eltern nehmen: Manche sind lang nicht so nüchtern, wie sie uns gern hätten. Während der großen Nachrüstungsdebatte Anfang der Achtzigerjahre fuhr ich mit zwei Freunden zu einer Friedensdemo nach Hamburg. Unsere erste Station war die Wohnung eines Freundes meiner Eltern, der zwei Söhne in meinem Alter hat. Mit denen saßen wir im Wohnzimmer herum und rauchten einige Joints, bis wir das Gefühl hatten, »entrüstet« genug zu sein, um die Stationierung der Pershing-2-Raketen zu verhindern. Nach ein paar hundert Metern Protestmarsch und einigen Parolen, deren Text wir uns nicht merken konnten, wurden wir müde und kehrten um. In der Wohnung lagen Blättchen und Krümel noch bereit. Wir hatten gerade die ersten Bierdosen geöffnet, da kam der Freund meiner Eltern grinsend ins Zimmer: »Darf ich auch mal ziehen?« Schlagartig war mir der Appetit vergangen, denn meine Eltern hätten mein pazifistisches Engagement in einem ganz anderen Licht gesehen, wenn sie gewusst hätten, dass mein Trip nach Hamburg nicht nur dem Weltfrieden gedient hatte. Sie haben nie davon erfahren: Schwerer als die Loyalität unter Eltern und alten Freunden wiegt die Kiffer-Solidarität.

Doch mit den eigenen Eltern kann man sich drogenmäßig nicht verbünden. Selbst wer die Wirkungen illegaler Substanzen schätzt, seien es der manische Redefluss, die Sehnsucht nach Berührung, die übersteigerten Sinneseindrücke, der erträgt sie nur schwer an seinen Eltern. Als Leas Vater Heiner nach einer mehrjährigen Auszeit auf Ibiza zurück nach München zog, hat er sich eine junge Freundin mit besten Verbindungen zu den neuesten halluzinogenen Errungenschaften geangelt. Heiner sieht für sein Alter sehr jugendlich aus, und er befolgt den Rat des *Spie-*

gel-Redakteurs Reinhard Mohr, der in seinem Buch *Generation Z* beschreibt, wie alt er sich fühlt, wenn er neben dreißig Jahre jüngeren Mädchen tanzt. Heiner bleibt brav am Rand der Tanzfläche stehen. Dort mahlt er dann friedlich mit seinem Kiefer, schwenkt den Oberkörper im Takt, wischt sich die merkwürdig trockenen Hände immer wieder an seinem extraweiten T-Shirt ab. Lea empfindet eine »klammheimliche Peinlichkeit«, wenn sie ihren Vater mit riesigen Pupillen an einem Wodka-Red-Bull nuckeln sieht. Und als er sie einmal fragte, ob sie wisse, wo man LSD-Trips bekomme, sagte sie aus vollem Herzen Nein.

Es heißt, dass sich das Verantwortungsgefühl zwischen den Generationen irgendwann umdreht. Plötzlich haften Kinder für ihre Eltern. Nun sind wir also der Meinung, sie sollten die Finger von dem Zeug lassen.

»Mach dir nichts daraus, ich hatte mit deinem Vater auch nie guten Sex.«
Wie unsere Eltern die sexuelle Revolution ausbremsten

So eine Ehe, wie die seiner Eltern, will Björn nicht führen. Sie bewohnen zu zweit eine Villa in einem Münchner Vorort. Die leeren Zimmer der Kinder, den Keller und das Gästezimmer haben sie in Lagerräume umfunktioniert. Sie heben ihre gesammelte Vergangenheit auf: ganze *Stern*-Jahrgänge, ausgediente Regale von USM Haller, viel zu enge Surfanzüge, deren Neopren im Lauf der Jahre brüchig geworden ist. In den Achtzigern, als der Vater richtig viel Geld verdiente, überlegte die Familie einen Sommer lang, ein Privatflugzeug zu kaufen. Es wurde dann immerhin eine Ferienwohnung in Marbella. Die Mutter half, wie man so sagt, bei der Buchhaltung. Das heißt, sie schmiss den Haushalt, bekochte die zwei Kinder und war in ihrem Leben sehr viel öfter beim Frisör als nötig.

Jeder Besuch Björns zu Hause läuft nach dem gleichen Muster ab. Zuerst ein familiäres Update mit der Mutter: Gesundheitsprobleme, Geldsorgen, die zuverlässig unglückliche Ehe der älteren Schwester. Am Esstisch hat dann der Vater seinen Auftritt. Spätestens zum Hauptgang beginnt er mit seinem Sohn ein Gespräch über die Regierung

Schröder oder die neueste Wendung in der Klon-Debatte. Eine seltener werdende Tugend, die von unseren Vätern mit Eifer gepflegt wird: Sie informieren sich über Politik und reden darüber. Wenn die Mutter etwas zur Diskussion beiträgt, hören Björn und sein Vater interessiert zu – und sprechen dann weiter, als habe sie nichts gesagt. Sie zieht sich früh zum Abwasch zurück, wobei sie eine zarte Wolke der Bitterkeit im Raum hinterlässt. Ein kleiner Trost bleibt dem Sohn: »Wenigstens weiß ich, dass sie guten Sex haben.«

Komisch, denn eigentlich haben Eltern doch gar keinen Sex. Oder zumindest sind sie Meister der Diskretion. Das Ehebett war für uns ein unschuldiger Ort, an dem wir als kleine Kinder bei Albträumen Zuflucht suchten. Oder Entertainment forderten, wenn wir an einem Sonntagmorgen um zwanzig nach sieben gut gelaunt in den Tag starten wollten. So wie an jenem Morgen, als meinem Vater ein Foto gelang, das seine drei Kinder bei der Eroberung des Elternbettes zeigt. Die Bettwäsche hat ein großflächiges, fliederfarbenes Muster, wir tragen alle bunt gestreifte Frotteeschlafanzüge, mein großer Bruder kitzelt mich gerade, meine kleine Schwester lacht frech in die Kamera, und meine Mutter tut so, als könnte sie bei dem Spektakel schlafen. Das war bestimmt ein toller Morgen, aber nach Sex sieht das wirklich nicht aus.

Irgendwie, das sagt schon die pure Logik, mussten unsere Eltern uns ja gezeugt haben. Doch als leidenschaftliches Liebespaar wollten wir sie nicht sehen, sie erschienen uns eher als Geschäftspartner, Krisenmanager, Verbündete,

Freunde. Trotzdem erblickten wir manchmal einen Kuss, der mehr war als nur Routinebegrüßung, kamen unerwartet nach Hause und erwischten sie auf der Wohnzimmercouch beim, man kann es nicht anders nennen, Fummeln. Oder die Schlafzimmertür stand, wie einmal bei Björns Eltern, offen. Für einen kurzen Augenblick erspähte er sie in einer Position, die er zuvor nur bei den kopulierenden Fröschen von Tomi Ungerer gesehen hatte. Und das Seufzen seiner Mutter hat er bis heute im Ohr. Dabei hätte ihm die freudige Erkenntnis gereicht, dass sich das eheliche Glück seiner Eltern nicht am Esstisch entscheidet.

Was unsere Eltern weder am Esstisch noch in den von uns gefürchteten Gesprächen unter vier Augen geschafft haben: mit uns locker über Sex zu plaudern. »Nimmst du eigentlich die Pille?«, fragte Leas Mutter ihre Tochter, da war sie sechzehn und hatte bereits vor drei Jahren ihren ersten Freund mit nach Hause gebracht. Und wenn die Väter nach einem trockenen Räuspern ansetzten, ihren Söhnen zu erklären, wie das so ist mit der Pubertät, dann hatten die Söhne bereits ein beträchtliches, leider meist nur theoretisches Wissen angehäuft. »Schlafende Hunde wecken« nennt man die Technik, Probleme zu produzieren, indem man sie anspricht. Unsere Eltern versuchten, die Hunde möglichst lange schlafen zu lassen. Und in dem Bemühen, unsere Sexualität nicht vorzeitig anzuregen, ließen sie uns damit allein. Alles, was wir schon immer über Sex wissen wollten, erfuhren wir aus der *Bravo*, auf dem Schulhof oder von den älteren Geschwistern.

Fairerweise muss man sagen, dass sie es eigentlich gar

nicht hätten richtig machen können. Denn schlimmer noch als die bleiernen Schweiger waren jene, die mit demonstrativer Unverklemmtheit ihren Kindern die Schamesröte ins Gesicht trieben. Welcher Junge will schon mit seinem Vater über den ersten Samenerguss debattieren? Oder mit seiner Mutter über die Pornos unter dem Bett? Die Pubertät ist eine Phase von Hautunreinheiten und Essstörungen, Kim-Wilde-Postern und offensiven Flirts mit Suizidgedanken. Nicht aber eine Zeit des übertriebenen Mitteilungsdrangs. Was besonders für unsere Väter eine willkommene Gelegenheit war, ihre Einfühlsamkeit zu beweisen. Mein Vater zum Beispiel verkündete bei einem Mittagessen mit der ganzen Familie: »Oh, Adri bekommt ja auch langsam einen Bart.« Ich sagte damals nicht, dass ich mir seit Monaten mit dem Rasierapparat meines Bruders an den Wangen herumschabte, um das verzweifelt erwartete Haarwachstum zu stimulieren. Ich sagte gar nichts und schämte mich für meinen Vater, für mich selbst, für meinen blöden Babybart und eigentlich fürs ganze Leben.

Doch auch wenn der letzte Pickel schon lange verheilt ist und die ersten Nächte die Dr.-Sommer-Versprechungen bei weitem übertroffen haben, merken wir, dass wir mit unseren Eltern immer noch nicht über Sex reden können. Wir wissen zwar, was Oralverkehr auf Spanisch und Schwedisch heißt, werden aber in Gegenwart unserer Eltern ziemlich einsilbig. Wir erzählen nicht von unseren One-Night-Stands und auch nicht vom letzten Aids-Test. Es ist ein Paradox: Wir stellen uns für sie verklemmter, als wir sind. Und sie sich wahrscheinlich auch.

Anfang der Sechziger kam die Antibabypille auf den Markt – »das war der Startschuss für die heute schon legendäre sexuelle Revolution. In kürzester Zeit galt voreehelicher Geschlechtsverkehr bei vielen als gesellschaftlich akzeptiert«, heißt es in dem Zeitgeschichteschmöker *50 Jahre Shell Jugendstudie*. Damals wurde auch das Sperrfeuer aufreizender Signale eröffnet: die Hüftschwünge von Marilyn Monroe und Elvis Presley, die Schmollmünder von Brigitte Bardot und Marlon Brando, die naschhafte Uschi Obermaier, der kühle Alain Delon. James Bond, der jede haben konnte, und Jimi Hendrix, den jede haben wollte. Nach einer Razzia im Haus des Rolling-Stones-Gitarristen Keith Richards wurde kolportiert, dass sich Marianne Faithfull nur mit einem Pelzmantel bekleidet an einem Mars-Riegel vergangen habe. Doch Hemmungslosigkeit war kein Privileg der Popstars.

Bis er zwölf Jahre alt war, musste Johannes jeden Morgen in die Kirche des kleinen Ortes im Altmühltal gehen, in dem er aufwuchs. Noch heute ist es die größte Angst seiner Mutter, eine strengkatholische Krankenschwester, dass eines ihrer vier Kinder »vom Glauben abfällt« und sich der »freien Liebe« hingibt. Johannes' Vater allerdings nahm die Lustfeindlichkeit der katholischen Kirche nicht ganz so ernst. Wenn er durch sein Fotoalbum blätterte, sprach er die Namen der jungen Dorfschönheiten so versonnen aus, als verbinde ihn sehr viel mehr mit ihnen als eine gemeinsame Jause – natürlich nur, wenn die Mutter in der Küche war.

Jeder kennt solche amourösen Familiengräber: ein Frauenname, auf den die Mutter noch heute gallig reagiert; ein

»Freund der Familie«, über den mit auffälliger Lückenhaftigkeit gesprochen wird; ein Foto, das einfach nicht kommentiert wird. Nicht zufällig lautete der Balzruf ihrer Generation »Zur Sache, Schätzchen«.

»Heute geht es immer nur um Sex«, klagte dagegen Schauspielerin und Exschätzchen Uschi Glas im Sommer 2002. Ihr Mann hatte sie kurz zuvor wegen einer wesentlich jüngeren Wurstverkäuferin verlassen. Seine offizielle Begründung: Im Bett sei nichts mehr gelaufen. Die Schauspielerin machte aus privater Not öffentliche Tugend und sprach aus, was viele unserer Eltern empfinden. Und tatsächlich ist es in diesen Tagen schwer, den zahllosen Varianten des Themas Sex zu entfliehen: Günter Grass, Nobelpreisträger für Literatur, schreibt schlüpfrige Verse. Ein berühmter Modefotograf wirbt für Teeny-Klamotten mit sexuell überheizten Bildern. Ein *Tagesschau*-Sprecher prahlt im Kneipenjargon über die sexuellen Fertigkeiten einer Schlagersängerin. Ein Softdrinkhersteller plakatiert ein Motiv, auf dem eine Getränkedose zwischen die Brüste einer ehemaligen Pornodarstellerin gedrückt wird, und bestreitet dann augenzwinkernd jede Ähnlichkeit mit einer populären Sexualpraxis. Diese Aufzählung ist ebenso willkürlich wie beliebig verlängerbar.

Dieses Überangebot geht unseren Eltern beträchtlich auf die Nerven. Sie mögen die sexuelle Revolution ausgelöst haben, heute kommentieren sie das Fleisch in Fernsehen, Werbung und Kino mit einem beherzten »Muss das denn sein?«. Und sie sind nicht etwa zur Prüderie konvertiert. Es gibt einfach eine gesunde Differenz zwischen öffentlicher Freizügigkeit und privat gelebter Moral. »Wer zweimal mit derselben pennt, gehört schon zum Establishment« lautet ein viel zitierter Kampfruf ihrer Generation. Aber die wenigsten haben sich selbst beim Wort genommen.

Dieser Pragmatismus ist auch uns nicht fremd. Zwar lieben wir die MTV-Sendung *Dismissed*, die sexuellen Darwinismus in seiner reinsten Form propagiert, doch unsere wahren Liebesträume sind kuscheliger. Wie auch bei einem Großteil unserer Eltern ist das Klassenziel die monogame Ehe. Um es altmodisch zu formulieren: Alle Wege führen in die Beziehungskiste.

Na ja, fast alle. Leas Eltern beispielsweise kopierten nicht nur Outfits und Einrichtungsstil, sondern auch die Sexualmoral aus Swinging London. »Dein Vater hatte *Blow-Up* gesehen und dann beschlossen, Fotograf zu werden«, beschreibt ihre Mutter den Jungen mit dem weichen Bart, in den sie sich damals verliebt hatte. Fotograf war damals ja ein Synonym für Frauenheld, denn *Blow-Up* handelt nicht nur von der technischen Präzision einer Spiegelreflexkamera, sondern von sexuellem Freibeutertum. Die gelebte »offene Beziehung« war bei Leas Eltern Teil ihres Eheversprechens. Jeder junge Mann eiferte damals David Bailey nach, jenem britischen Modefotografen, der für *Blow-Up* Pate gestanden hatte, und jede Frau glaubte, dass in ihr eine Marianne Faithfull schlummerte. Die Kinder des Wassermannzeitalters verlachten Besitzansprüche und Eifersucht und praktizierten auch gegenüber den eigenen Kindern Offenheit. Sie sollten ruhig die Liebhaber und Geliebten ihrer Eltern kennen. Warum nur zwei Bezugspersonen, wenn jede Woche eine neue dazukommen kann?

»Manche mochte ich echt gern«, sagt Lea über die Liebhaber ihrer Mutter. Der eine half ihr bei den Mathematik-Hausaufgaben, der andere fuhr sie mit seinem Motorrad zum Badesee, einmal kam sogar einer mit der Familie in den Urlaub. Das war allerdings in den Tagen, als sie der Vater schon nicht mehr begleitete. Und im Eifer der Befreiung verwechselten Eltern Offenheit gelegentlich mit Taktlosigkeit. »Ich hoffe, dein Vater hat bald mal wieder eine Geliebte, dann lässt er mich in Ruhe«, gestand Leas Mutter ihrer Tochter, die auf diese Art von Ehrlichkeit auch gut hätte verzichten können.

»Was interessiert mich Vietnam? Ich habe Orgasmusprobleme«, trat der Kommune-1-Bewohner Dieter Kunzelmann ein gesellschaftliches Dauervorspiel los, das von dem Glauben geprägt war, dass Sex am schönsten ist, wenn man ihn diskutieren kann. In dem von Christiane Landgrebe und Jörg Plath herausgegebenen Essayband *'68 und die Folgen* führt Peter Köhler in *Parteichinesisch* Vokabeln auf, »die die Psychosprache bis heute prägen«: Zweierbeziehung, Lustprinzip, Besitzansprüche und Frustrationen (die später zum Frust zusammenschnurrten).

Seinen Höhepunkt fand dieser Diskurs in *Der Tod des Märchenprinzen* von Svende Merian, einem 1980 erschienenen Bestseller, dessen Einband nach lila gefärbten Latzhosen zu duften schien. In szenetypischem Spaßverderber-Jargon erzählt dieser Nichtentwicklungsroman, wie eine »bewegte Frau« ebenso hartnäckig wie erfolglos an einem Mann »arbeitet«. Bis heute hält sich das Gerücht, die Autorin sei in Wirklichkeit ein männlicher Satiriker gewesen.

Derzeit kann man das Buch schon ab 0,01 Euro bei Amazon erwerben, und das Problematisieren von Erotik und Sexualität (damals unbedingt mit weichem S zu sprechen, damit man nicht wie ein männlicher Aggressor klang) wird gern persifliert. Aber die inflationär gebrauchte Bezeichnung Lebensabschnittsgefährte zeigt, dass die Hoffnung, Gefühle durch sprachliche Relativierung in den Griff zu kriegen, nach wie vor hochaktuell ist.

In dem Film *Der Eissturm*, der in den USA der Siebzigerjahre spielt, gibt es eine Partyszene, in der das »Schlüsselspiel« praktiziert wird: Alle Männer werfen ihre Autoschlüssel in einen Topf, jede Frau zieht einen und darf/kann/muss mit dem jeweiligen Autobesitzer schlafen. Die Realität mag in dieser Episode überzeichnet sein, aber wie Befreiung zur gesellschaftlichen Pflichtübung wird, das haben auch unsere Eltern erlebt. Viele blieben verheiratet, aber mit schlechtem Gewissen und Minderwertigkeitsgefühlen gegenüber freieren Altersgenossen. Die Paare wiederum, die jahrelang ihre offene Beziehung gelebt hatten, wurden von Eifersucht, Liebeskummer, Trennungsangst eingeholt. Nach der Aufbruchstimmung ihrer Jugend mussten sich unsere Eltern im Lauf der Jahre eingestehen: So modern, wie sie denken, lieben sie nicht.

Wie weit sie sich tatsächlich von der bürgerlichen Sexualmoral befreit haben, spüren sie nicht zwangsläufig am eigenen Leib. Wenn der Sohn beispielsweise erklärt, dass er schwul ist, ruft das zunächst ein ganzes Repertoire von Elternängsten wach: keine Enkel, schlechte Berufschancen, massenhaft anonymer Sex, Geschlechtskrankheiten.

Außerdem ist das Bild des Homosexuellen, das unsere Eltern vor Augen haben, nicht durchweg positiv. Denn obwohl sexuelle Ambivalenz in der Popkultur der Siebziger ein Modethema war, glichen Schwule in der öffentlichen Wahrnehmung den Witzfiguren aus *La cage aux folles*: Selbst die »Kerle« tragen fingerdickes Make-up. Ironischerweise war es die Immunschwächekrankheit Aids, die die Schwulen erst skandalisiert, dann normalisiert hat. Der ehemalige Frauenschwarm Rock Hudson war eines der ersten prominenten Opfer, Liz Taylor engagiert sich seit Jahrzehnten in der Aidshilfe, die rote Schleife wurde zur erfolgreichsten Brosche seit Erfindung des Smokings. Und regte sich über den ersten Kuss unter Männern in der *Lindenstraße* noch halb Deutschland auf, ist das schwule Pärchen in Fernsehen und Werbung heute eine Selbstverständlichkeit. Nicht einmal der Kanzlerkandidat Edmund Stoiber wollte die Homoehe rückgängig machen, und nach dem unfreiwilligen Outing des Ersten Bürgermeisters von Hamburg erklärte sein sechsundachtzigjähriger Vater Achim-Helge Freiherr von Beust der *Welt am Sonntag*: »Es ist ja keine Bösartigkeit. Es ist Natur.«

Natürlich gibt es auch heute noch Mütter, die ahnungslos und gemein reagieren: Wenn ihr Sohn sich outet, putzen sie jedes Mal, nachdem er die Toilette benutzt hat, die Klobrille ab, damit sich die anderen Familienmitglieder nicht mit HIV infizieren. Doch die meisten Eltern nehmen es gelassen. Die sexuelle Revolution hat zwar ein paar Federn verloren, aber ihr Gedankengut ist bis in die kleinbürgerlichsten Wohnzimmer gelangt. Kinder, die sich nach jahrelangem Zaudern zum großen Geständnis durchringen, bekommen in der Regel ein gelangweiltes »Das haben wir uns schon gedacht« zu hören. Und ein solides gegenseitiges Unverständnis gehört einfach dazu. Als Gunnar seiner Mutter nach zwei oder drei Flaschen Weißwein gestand, dass er schwul ist, guckte sie ihn mit leicht glasigen Augen an, umarmte ihn und sagte: »Mach dir nichts daraus, ich hatte mit deinem Vater auch nie guten Sex.«

Für guten Sex, auch das führen uns unsere Eltern vor, ist es jedoch nie zu spät. Wenige Monate nach ihrem Keuschheitsappell kam Frau Glas doch noch mal zur Sache und ließ sich für die Zeitschrift *Max* fotografieren. Ganz ohne die üblichen Weichzeichner und Retuschen und fast ohne Kleidung, wenn man von einem ziemlich kleinen Bikini mal absieht. Ihre Botschaft war deutlich: »Ich bin nicht mehr ganz jung, aber ich spiele mehr als nur Golf.«

»Das Tropenholz ist aus einem Dritte-Welt-Projekt.«
Wie unsere Eltern dem Konsumterror widerstehen

Bei einem Silvesteressen in Berlin vor zwei Jahren warteten siebzig Gäste, die sich in atemberaubendem Tempo betranken, auf ihr Hirschgulasch, während ich als einer der Gastgeber versuchte, die Sitzordnung gegen alle Sonderwünsche und Animositäten zu verteidigen. Neben eine attraktive grauhaarige Frau hatte ich einen jungen Farmer aus Massachusetts platziert. Sie arbeitet als Fotografin in Berlin und New York, er führt einen Bauernhof in der Nähe von Boston. Außer der gemeinsamen Sprache könnte man bei dieser Konstellation einen Mangel an Anknüpfungspunkten vermuten, doch schon nach einer halben Stunde wurde das Gespräch lebhaft, fast laut. Die Dame, in einer glamourösen Welt der Oberflächenbearbeitung zu Hause, machte dem Farmer freundlich, aber bestimmt schwere Vorwürfe, dass er sein Gemüse und Getreide nicht biodynamisch anbaue.

Dieser missionarische Eifer ist typisch für eine Generation, die als Zielgruppe ebenso interessant wie problematisch ist. Im Alter von zweiundfünfzig Jahren wurde die Fotografin Sigrid Rothe 1999 Model einer großen Kampagne der amerikanischen Marke Banana Republic. Diese späte zweite Karriere wurde als Signal bejubelt für einen neuartigen Umgang mit dem Thema Alter. Auch wenn Frau Rothe natürlich fantastisch aussieht, war es eine kleine Sensation, dass eine Firma, die sonst mit dem handelsüblichen Rassen- und Haarfarbenmix junger Menschen arbeitet, ein weibliches Wesen mit Lachfältchen und fahler Mähne auf ihre Plakate druckt. Als Banana Republic über Nacht ergraute, schien die Zeit endgültig reif, diese Generation ins Visier zu nehmen, von der Trendforscher und Marketing-Experten seit Jahren schwärmen: die Master Consumer, die Best Ager, die jungen Alten, die Silver Ager, die Middle-Youth, die Woopies (»well-off old people«), man könnte sie auch »unsere Eltern« nennen.

»Frau Ministerin, sind Senioren wirklich so reich?«, fragte *Bild* die nordrhein-westfälische Familienministerin Birgit Fischer. Die SPD-Politikerin hatte im Sommer 2003, mitten in die Rentendebatte hinein, eine Studie veröffentlicht, nach der sich das »Armutsrisiko in den letzten Jahren von der älteren Generation hin zu jungen Familien und Alleinerziehenden verschoben hat«. Sicherlich wollte sie damit die Aufmerksamkeit darauf lenken, dass man unseren Eltern noch so manchen Euro aus der Tasche ziehen kann, zugleich klang die Ministerin jedoch auch wie eine PR-Lady in deren Auftrag: »Diese ältere Generation ist eine Generation anspruchsvoller Kundinnen und Kunden mit großer Kaufkraft. Sie ist bereit, Geld auszugeben, aber sie erwartet dafür auch seniorengerechte Produkte und Dienstleistungen.«

Die Fakten liegen ja schon lange auf den Agenturtischen:

Keine Generation hat mehr Geld als diese. Keine hat mehr Zeit und Möglichkeit, es auszugeben. Doch sie gibt es nur zögerlich aus. Wo liegt also das Problem?

Wenn es um Geld geht, werden Werber zu Soziologen. In einer Studie über ältere Erwachsene versucht die Düsseldorfer Agentur Grey, die Zielgruppe der »jungen Alten« einzukreisen und zu verstehen. Die neuen Herausforderungen in einem älter werdenden Leben (Pensionierung, Einsamkeit, Krankheit) belegt die Studie mit dem wunderschönen Euphemismus »späte Reifeprüfung«. Um unsere Eltern anzusprechen, wurden zwei recht gegensätzliche Strategien ausgearbeitet. Die erste: Die Älteren sollen überzeugt werden, dass bestimmte Produkte gerade ihnen enorme Vorteile bringen. Die zweite: Sie dürfen nie das Gefühl haben, »alte« Produkte zu kaufen. Das leuchtet unmittelbar ein. Eine Reise nach Mallorca mit dem »Senioren-Paket« will keiner antreten, der noch allein auf die Toilette gehen kann. Und die Zahnpasta »50 +« verlangt ein Sechzigjähriger in der Apotheke wahrscheinlich genauso gern wie eine Packung Kondome extra small.

»Gemessenes Alter: achtundfünfzig. Gefühltes Alter: achtundvierzig« – so wird dieser Tage für ein Testosteronpräparat geworben. Und hinter den makellosen Zähnen des kernigen Glatzenträgers verbirgt sich der Lebenswiderspruch unserer Eltern: Sie fühlen sich jünger, als sie sind. Und das, obwohl sie das Wort Jugendwahn mit ehrlicher Empörung und persönlicher Betroffenheit aussprechen. Diese Widersprüchlichkeit macht sie als Zielgruppe kaum fassbar. Und vielleicht steckt ja System dahinter. Denn unsere Eltern haben ein diebisches Vergnügen daran, den Umarmungsbemühungen der Bewusstseinsindustrie zu entgehen. Schon die Vorstellung, sich selbst als Zielgruppe zu begreifen, weckt ihren Widerstandsgeist. Das liegt an ihren mal mehr, mal weniger ausgeprägten kapitalismuskritischen Wurzeln.

Als sie in ihren Dreißigern so langsam zu Wohlstand kamen, wurde die Wirtschaftswunderprotzerei als »Konsumterror« gegeißelt. Wer Geld hatte, sollte es wenigstens nicht zeigen. Oder gleich dem Vietcong spenden – wie der Frankfurter Millionenerbe Tom Koenigs, der ironischerweise später Stadtkämmerer wurde und als einziger Grüner gilt, der mit Geld umgehen kann. Noch hinderlicher für ihre Abrichtung zu glücklichen Konsumenten ist die übergroße Treue zum so genannten Individualismus. In den Fünfzigern war der Traum einer jeden deutschen Frau ein Kleid von Dior, heute verkünden unsere Mütter selbstbewusst: »Ich lasse mir doch nicht von irgendwelchen Designern vorschreiben, was ich anzuziehen habe.«

Das war nicht immer so. Wie die meisten jungen Menschen waren unsere Eltern markengläubige Konsumenten. Sie kauften eine Stereoanlage von Braun, ihre Spülmaschine von Bauknecht und orientierten sich beim Autokauf nicht nur an Hubraum, PS und Preis, sondern sie machten sich auch Gedanken darüber, welche Haltung welche Marke repräsentierte. Der ehrgeizige Aufsteiger musste eine Mercedes-Limousine haben, der Fotograf einen (knallgelben) Porsche. Und Barbaras Vater Walter, der an einem Bonner Gymnasium Deutsch und Geschichte unterrichtete, fuhr natürlich einen Volvo, den sozialdemokratischsten aller PKWs. Tatsächlich war Barbaras Familie in mancher

Hinsicht mustergültig. Beide Eltern berufstätig, die drei Töchter spielten Instrumente, der wöchentliche Familienrat wurde von allen ernst genommen. Dass sie heute selbst auch als Lehrerin arbeitet, findet Barbara nicht komisch, sondern logisch. »Ich kann doch aus den Fehlern meines Vaters lernen«, sagt sie und meint: Sie ist zupackender, pragmatischer und zuweilen strenger. Aber die Schulen haben sich ja auch geändert. Damals war der Lehrerberuf in Mode. Und die Mode war ein Lehrerthema.

Denn auch unter den eingefleischtesten Individualisten herrscht Gruppenzwang, und nichts anderes ist ja Mode: Zwar waren es nur siebenundvierzig Prozent des männlichen Kollegiums, die einen Schnurr- oder Vollbart trugen (Walter hatte das mal ausgerechnet, während er eine Klassenarbeit beaufsichtigte), doch als die Familie in den großen Ferien nach Dänemark fuhr, schien die Gelegenheit günstig, sich ihnen anzuschließen. »Nur mal gucken, wie das aussieht«, musste Walter seine Frau Renate besänftigen, aber Barbara und ihre Schwestern waren begeistert. Jeden Tag sah ihr Vater verwegener aus, und er kratzte so lustig beim Gutenachtsagen. Wie jeder Mann fühlte sich Walter mit Bart als neuer Mensch, doch als die Schule wieder begann, begrüßte ihn seine Lieblingsschülerin: »Mensch, Walter, beinahe hätte ich dich nicht erkannt. Das macht dich viel älter. Aber steht dir gut.« Seine Frau freute sich, dass der Bart so schnell wieder ab war. Allerdings hat Renate nie erfahren, warum.

Mit den Moden ist es wie mit dem Sexualtrieb: Im Alter nimmt man sie zwar immer noch wahr, aber nicht mehr so wichtig. »Ich habe meinen Stil gefunden«, lautet dann die Verklausulierung für das Desinteresse am Jetzt. Die Schulterpolster der Achtziger nahmen unsere Mütter gerade eben so mit, aber gegen die Erzeugung von kollektiven Wünschen fühlen sich unsere Eltern heute immun. Dabei kommt es auch bei ihnen nur darauf an, wie geschickt der Erzeuger dieser Wünsche vorgeht. Ein mittelständisches Versandhaus leistet in dieser Hinsicht ganz vorbildliche Arbeit.

»Wieder aus Stroh – Trinkhalme«, bejubelt der aktuelle Manufactum-Katalog sein Produkt mit der Bestellnummer 3 391 511 und erläutert die frohe Botschaft, denn »daß die Erdbeermilch nicht mehr schmeckt, liegt – so mutmaßten wir schon vor Jahren – an den Plastik-Strohhalmen, durch die man sie jetzt schlürfen muß. (40 Milliarden (!) Stück sollen davon alleine in Deutschland pro Jahr verbraucht werden – was uns als Plastikhalmverächter schier unglaublich scheint.) Zwei Frauen aus dem Harz machten sich auf die Suche nach geeigneten Halmen mit ausreichendem Querschnitt – und fanden sie nur bei polnischem Roggenlangstroh außerhalb des Einflußbereichs Brüsseler Getreidenormierer«. Der stolze Preis (drei Packungen mit je fünfzig Halmen für sechs Euro) wird gerechtfertigt, indem Manufactum an diverse Gefühle seiner Kunden appelliert. Die Nostalgie (Früher war die Erdbeermilch schmackhafter), die Solidarität (Bist nicht auch du ein Plastikhalmverächter?), die Skepsis gegenüber Politik und Bürokratie (»Brüsseler Getreidenormierer«), den diffusen Hang ins Märchenhafte (»Zwei Frauen aus dem Harz«).

Die Mastercard wirbt derzeit mit einer entwaffnenden

Ehrlichkeit: Sie führt in ihren Spots vor, was man mit einer Kreditkarte alles kaufen kann – und zeigt dann, was eben nicht zu kaufen ist: die Liebe, das Wetter, das Glück. Umso genialer wiederum ist die Manufactum-Strategie: Sie verspricht die Käuflichkeit ideeller Werte. Inzwischen gibt es Flagship Stores in Metropolen wie Hamburg, Aachen, Berlin und Waltrop, wo das Besondere, Handgefertigte, Authentische erworben werden kann. Denn auch wenn das Individuelle zur Trademark wird, bleibt es ein Versprechen, dem unsere Eltern, besonders die Mütter, nur schwer widerstehen können. Sie kaufen lösungsmittelfreie Wandfarbe und recyceltes Toilettenpapier. Wenn wir einen Satz hören wie: »Das Tropenholz ist aus einem Dritte-Welt-Projekt«, dann wissen wir, dass sie damit eigentlich sagen: »Geld spielt keine Rolle.« Denn nichts verleitet unsere Eltern zuverlässiger zum Konsum als die Behauptung, mit ihrem Kauf die Welt zu verbessern, als der Kurzschluss von Geld und Moral.

Um diese Blauäugigkeit können wir sie nur beneiden. Da die Alternativen zum Kapitalismus in den vergangenen Jahren keine überzeugende Perfomance geboten haben, haben wir uns antrainiert, seine Widersprüche zu ignorieren. Zwar hat uns die Autorin Naomi Klein mit ihrem Antiglobalisierungspamphlet *No Logo* ein schlechtes Gewissen gemacht. Aber die neuesten, in indischen Sweatshops produzierten Nike-Modelle wollen auch die G-8-Demonstranten besitzen, wie Moralisten gern anmerken. Wieso auch nicht? Der kleine Turnschuhfabrikant im Londoner East End, bei dem auch unser Lieblings-DJ einkauft, ist inzwischen wahrscheinlich schon von einem der Global Player übernommen worden.

»Im vitalisierten Oldie-Segment der Gesellschaft hat ein fundamentaler Paradigmenwechsel stattgefunden«, schreibt die Kunstkritikerin Daghild Bartels in ihrem Aufsatz *Faltenwürfe – Neues von der Lifestylefront*, der 2003 im *Kursbuch* erschien. »Oma-Look mit Dutt, Dralonkittelschürze und orthopädischen Schuhen ist passé und wurde längst durch Gucci-Kostüme und Prada-Accessoires ersetzt.« Das klingt knackig, aber deckt sich nicht ganz mit unseren Erfahrungen. Es stimmt: Unsere Väter tragen Jeans, Lederjacke und T-Shirt. Und wenn unsere Mütter überhaupt eine Schürze haben, dann eine dieser minimalistischen weißen Profischürzen. Trotzdem sind sie alles andere als Labelfetischisten. Sie wollen partout nicht verstehen, warum es ein Notebook von Apple, ein CD-Player von Bang & Olufsen oder ein Hundefressnapf von Gucci sein muss.

In dem Spruch »Qualität hat ihren Preis« drückt sich ihr protestantisches Verhältnis zum Konsum aus: Nicht »für den Kick, für den Augenblick« (TicTacToe) darf Geld ausgegeben werden, wohl aber für eine kluge Zukunftsinvestition. So hatte Barbaras Mutter, die als Halbtagsbuchhändlerin und Lehrergattin durchaus rechnen musste, keine Probleme, ihre Kinder in sündhaft teure Dufflecoats zu stecken. Aber eben nur, weil die Wolle x-fach gekämmt und der Mantel dadurch praktisch unverwüstlich war. Und so könnten unsere Eltern daran verzweifeln, wenn ihnen die als Fachverkäufer verkleidete Aushilfe im Media Markt mitteilt, dass eine Reparatur des fünfzehn Jahre alten Kofferradios den Preis eines neuen übersteige. Was Produkte betrifft, sind sie hoffnungslos monogam: Sie finden, die könnten ein Leben lang halten.

Doch das abgrundtief vernünftige Konsumverhalten, das unsere Eltern uns vorspielen, ist natürlich nur die halbe Wahrheit. Auch wenn unsere Väter noch nie im örtlichen Prada-Shop waren, haben sie doch ihre so genannten Herrenausstatter. In diesen Läden müssen sie nicht quälend lang darauf warten, bis ein gelangweiltes Möchtegernmodel sich herablässt, ihre Kragenweite zu messen. Hier herrscht noch das Prinzip: Verkäufer beschwatzt Stammkunden. Und der Stammkunde geht mit doppelt so vielen Rollkragenpullovern, wie er wollte, und einem unvorteilhaft gemusterten Sakko nach Hause.

Auch unsere Mütter haben ihre schwachen Momente, und ihre Rechtfertigungen, ohne die der Kauf keinen rechten Spaß macht, klingen vielleicht ein bisschen zu uneigennützig. Der Cashmere-Pullover war ein Notkauf, weil sie doch immer so kalte Nieren hat. Die Mokkatässchen waren längst überfällig, weil sich doch die ganze Familie immer über die alten beschwert hat (eigentlich war sie die Einzige). Und die aufwändig gearbeitete Silberbrosche ist eine Quersubventionierung für die rezessionsgeplagte Schmuckdesignerin, mit der sie, nur nebenbei, per Du ist.

Manchmal sind unsere Eltern eben auch nur Menschen: Sie fallen auf fadenscheinige Versprechen rein, lassen sich verführen, werden leichtsinnig. Aber eines muss man ihnen lassen: Während wir Fehlgriffe in unseren Haushalten schnell erkennen und gnadenlos aussortieren, tragen sie auch weniger gelungene Einkäufe lange Jahre auf, bevor sie endlich zur Gartenarbeitsuniform degradiert werden.

Da sitzen die Best Ager also auf ihren Milliarden, haben alle Zeit der Welt und auch immer noch dieselbe Jeansgröße wie vor dreißig Jahren. Und doch sind sie als Zielgruppe ein Albtraum. Selbst wenn sie unvernünftig werden, kaufen sie doch nur, was sie wollen.

»Immer noch besser, als wenn Stoiber jetzt Bundeskanzler wäre.«
Wie unsere Eltern Politik machen

»Wenn die Strukturen dieser in ihrem eigenen schmutzigen Badewasser dümpelnden Gesellschaft sich nicht wirklich verändern, bleibt eine ganze Generation mit dem größten moralischen Kater sitzen, den es in unserem Jahrhundert für eine *überlebende* Generation gegeben hat. Aber was heißt Kater, es wird ein Monster aus gebrochenem Elan sein, aus gebrochenem Idealismus. Ein Monster, das eines Tages in ganz anderer Form eine furchtbare Rechnung zerstörter Hoffnungen präsentieren wird.« Das schreibt der niederländische Schriftsteller Cees Nooteboom, erkennbar noch im Rausch der Ereignisse, in einer seiner in *Paris, Mai 1968* veröffentlichten Reportagen. Damals wurden in Frankreich wie in Deutschland Tradition, Besitzverhältnisse, Nato, eben das ganze »System«, infrage gestellt. Veränderung schwelte, der »Muff aus tausend Jahren« schien wie Faulgas nur auf einen Funken zu warten.

Heute ist das Badewasser, in dem die Gesellschaft dümpelt, ein bisschen besser parfümiert. Und das »Monster aus gebrochenem Idealismus« hat sich als Kuscheltier entpuppt, dem zwar das Fell gleich büschelweise ausfällt, an dem sich aber Jung und Alt, Links und Rechts gern wärmen.

Wenn wir die politischen Hoffnungen unserer Eltern betrachten und das, was daraus wurde, dann beißen wir uns am besten erst mal auf die Zunge. Denn ihr berühmter »Marsch durch die Institutionen« führte über den ebenso berühmten »Boulevard of Broken Dreams«. In ihrer Jugend verehrten sie Rudi Dutschke, jetzt nehmen sie, wenn auch zähneknirschend, den SPD-Generalsekretär Olaf Scholz hin, der sich mit scharfer Law-and-Order-Politik in Hamburg für höhere Posten angedient hat. Bereits anlässlich der Verleihung des Adorno-Preises im Jahr 1980 nannte Jürgen Habermas dieses Phänomen die »Erschöpfung utopischer Energien« und attestierte den westlichen Demokratien »eine forsch akzeptierte Ratlosigkeit«, die »an die Stelle von zukunftsgerichteten Orientierungsversuchen tritt«. Und Ratlosigkeit hat ja bekanntlich viele Gesichter. Eines davon ist mit Altersmilde gepaarte Kompromissbereitschaft.

»Die pflanzt jetzt mit Lokalpolitikerinnen von der CDU Bäumchen im Stadtpark von Mönchengladbach«, sagt Lea über das neue Engagement ihrer Mutter, die früher ein militantes Nein zur WAA Gorleben vertrat. Heute hat sie sich mit einer Politik der sehr kleinen Schritte abgefunden und kooperiert bei der Durchsetzung ihrer ökologischen »Utopien« – Begrünung der Innenstadt, Tempo-30-Zonen, Streusalz-Ächtung – sogar mit dem gegnerischen Lager. Von der Aktivistin zur Gärtnerin – ein Bilderbuchlebenslauf in der Generation unserer Eltern, deren Ideale im Altglascontainer landeten. Die Frage ist nur, was wir bemerkenswerter finden – dass die Atomkraftwerke immer noch laufen oder dass unsere Eltern, und sei es durch Bäume pflanzen, signalisieren: Der Kampf geht weiter.

Und das, obwohl die Frontverläufe mitunter nicht mehr klar zu erkennen sind. Im Frühsommer 2001 schlenderte ein *Bunte*-Reporter über den Friedhof der Berliner St. Annenkirche, gemeinsam mit Rudi-Marek Dutschke. Der erklärte dem Journalisten, dass er mit seinem dort begrabenen Vater Zwiesprache hält, wenn er »ein bisschen Rat« sucht. So wurden posthum auch gleich die Berührungsängste zwischen bürgerlicher Presse und außerparlamentarischer Opposition begraben. Obwohl noch einige Rechnungen offen sind.

Anfang desselben Jahres hatte der *Stern* Fotos veröffentlicht, auf denen der »Putztruppen«-Agitator Joschka Fischer im Nahkampf mit der Polizei zu sehen war. Als Dialektiker zog sich der Außenminister klug aus der Affäre: Er entschuldigte sich bei dem Polizisten, dem er damals eins übergebraten hatte. Und bemühte sich dabei, nicht allzu reumütig zu wirken. Denn gerade die Tatsache, dass er es als ehemaliger Steinewerfer geschafft hat, Minister zu werden, schätzt seine Kernzielgruppe an ihm. Und er selbst, insgeheim, wohl auch.

Warum er damals Steine warf und warum die Generation unserer Eltern noch heute ein an Feindseligkeit grenzendes Misstrauen gegenüber dem Staat pflegt – das hat mit ihrem Lebensthema, dem Nationalsozialismus, zu tun. Dass Führungspersönlichkeiten aus dem Dritten Reich auch in der Bundesrepublik wieder eine Schlüsselrolle spielten, hat unseren Eltern ein tiefes Misstrauen eingeflößt, das ihr Weltbild noch immer prägt. »War für euch die Auseinandersetzung mit dem Nationalsozialismus nicht wichtig?«, fragte mich mein Vater einmal ungläubig. Die Antwort lautete: Nein. In unserer Jugend wurde aus der Schuld, die Generationen entzweit hatte, ein Konsensthema: Wer Auschwitz leugnete, machte sich zum Außenseiter. Als wir zur Schule gingen, lasen wir *Als Hitler das rosa Kaninchen stahl* und beleuchteten in jedem Schuljahr aufs Neue das Dritte Reich von allen Seiten. Aber unsere Eltern mussten sich die Vergangenheitsbewältigung durchaus noch erkämpfen – oft genug gegen den Willen ihrer Eltern und die öffentliche Meinung. Ihr Misstrauen gegenüber der »Staatsmacht« wurde auf die Probe gestellt, als Splittergruppen der Studentenbewegung sich dem »bewaffneten Kampf« verschrieben. Bei allem Unwohlsein gegenüber der Terrorbekämpfung – Rasterfahndung, Isolationshaft etc. – fiel es doch den meisten unserer Eltern schwer, die Argumentation und Vorgehensweise der RAF zu billigen. Die Gesichter auf den omnipräsenten Fahndungsplakaten wurden uns jedenfalls nicht mit Bewunderung erklärt.

Trotzdem erwies sich für unsere Eltern die Verweigerung als Erfolgsstrategie. Welche Chancen im Widerstand liegen, hat besonders beispielhaft der Autor und Filmemacher Alexander Kluge, 72, aufgezeigt, der bis heute mit seiner Produktionsfirma dctp so genannte Informations- oder Kulturfenster bei RTL, Sat.1 und Vox bespielt. Dort laufen *Spiegel TV* und *Stern TV*, aber auch Sendungen wie *Primetime* und *10 vor 11*, die ihre Interviewpartner und

Themen »aussprechen lassen, klingen lassen« wollen. Für quotenhungrige Senderchefs hört sich das wie Sand im Getriebe des Audience Flow an, doch abschaffen können sie dieses »Fernsehen der Autoren« (Eigenwerbung dctp) nicht. Die Lizenzvergabe an die Privatsender wurde an die Bedingung gekoppelt, dass unabhängige Produzenten Sendeplätze zur Verfügung gestellt bekommen. Alexander Kluge hat es bis heute verstanden, diese attraktiven Sendeplätze für sich zu sichern. Weshalb ihn der genervte RTL-Boss Helmut Thoma einst als einen »elektronischen Wegelagerer« bezeichnete.

Wer also glaubt, Machiavellismus sei ein Privileg der Rechten, der wird von unseren Eltern eines Besseren belehrt. »Die Mehrheit der deutschen Führungsschicht kommt heute aus der Protest- und Wohlstandsgeneration«, heißt es in der Studie *Elite in Deutschland – Rekrutierung und Integration* von 1997. Ein Jahr später gewannen ein ehemaliger Terroristenanwalt, ein ehemaliger Juso-Linker und ein ehemaliger Steinewerfer die Bundestagswahl.

Meine erste Demonstration war dagegen nicht besonders erfolgreich. Ich stand als Fünfjähriger mit meiner Mutter an einer Bushaltestelle in Regensburg und sagte mein damaliges Lieblingsgedicht auf: »Der Barzel ist ein Hampelmann, und der Strauß, der zieht da dran!« Ein Freund meiner Eltern hatte mir diesen Spruch beigebracht, der auf die umstrittenen Machtverhältnisse in der Union anspielte. Ich wusste natürlich nicht genau, worum es ging, aber meine Mutter spürte die bösen Blicke der anderen Wartenden und riet mir unmissverständlich, die Klappe zu halten. Für treue SPD-Wähler war Bayern vermintes Gelände.

Trotzdem gaben meine Eltern zur Wiederwahl Willy Brandts 1972 eine Party. Sie saßen mit Salzstangen, Rotwein und ihren besten Freunden im Wohnzimmer. Zitterten, hofften und jubelten. Dass ein Politiker so viel Euphorie auslöst, scheint heute kaum noch vorstellbar.

»Ich kann kein Pathos«, sagt Gerhard Schröder, und nicht zufällig sehen unsere Wahlpartys etwas anders aus. Das zweite TV-Duell zwischen ihm und Edmund Stoiber wurde im Spätsommer 2002 in der Berliner Neuen Nationalgalerie gezeigt. Der exklusive Event – geladen waren »handverlesene Gäste« (Atze Brauner, Ariane Sommer, die Prinzen) – entpuppte sich als Dreh für ein Musikvideo für Marius Müller-Westernhagen. Da die Soundanlage für die anschließende Party jedoch nicht für die Übertragung einer Fernsehdiskussion eingestellt war, konnte man die beiden Kandidaten kaum verstehen, sodass sich die Gäste auf den großzügig ausgeschenkten Champagner konzentrieren konnten. Die Veranstaltung war ein voller Erfolg: ein Sinnbild der Austauschbarkeit politischer Überzeugungen und Figuren.

Dabei war doch noch in unserer Jugend die Welt säuberlich in Links und Rechts sortiert. Wer das Glück hatte, aus einem konservativen Elternhaus zu kommen, der verbrachte eine erfüllte Jugend: sinnlose Verbote, unterdrückte Diskussionen, uralte Vorurteile. Die Kinder trugen keine Jeans, wählten Physik als Leistungskurs, entnahmen ihre Ringbücher mit Zahlenschlössern gesicherten Schalenkoffern. Und entweder sie hatten bereits mit sechzehn ein fest gezimmertes Weltbild, oder sie ließen sich die Haare ins Gesicht wachsen beziehungsweise rasierten sie komplett ab, klauten Mofas, nahmen jede Art von Drogen in der Hoffnung auf einen ordentlichen Generationenkonflikt. Ein populäres Beispiel war der niedersächsische Ministerpräsident Ernst Albrecht, ein strammer Familienvater, der die gemeinsame Hausmusik liebte und schon mal öffentlich über die moralische Vertretbarkeit von Folter nachdachte. Sein Sohn Barthold war nicht so ganz nach seiner Fasson geraten. Medienwirksamer Höhepunkt des Vater-Sohn-Zwistes war ein wildes Privatkonzert, mit dem Die Toten Hosen auf Einladung des Nachwuchspunks das Albrechtsche Heim erschütterten.

Komplizierter war es für die Kinder der Liberal-Konservativen. Zu den Abendeinladungen von Björns Eltern kamen in den besten Zeiten der Präsident des örtlichen Fußballvereins, die forschesten Mittelständler und Lokalpolitiker. Sie sponnen Fäden, hielten Hof und fühlten sich im Establishment pudelwohl. Die Ausbruchsbemühungen ihrer Kinder führten trotzdem nicht zum Eklat: In seiner politischen Phase vervielfältigte Björn seine Flugblätter auf dem Kopierer seiner Eltern, als er Punk war, gab die Mutter seine zerfetzte Lederjacke regelmäßig in die Reinigung und fütterte (wenn auch unter Protest) seine Ratte. Solche Eltern funktionieren wie eine konservative Tageszeitung: im Politikteil knallhart, in den »weichen« Ressorts zermürbend tolerant.

Noch schwieriger war es mit linken Eltern. Bei den großen Protestthemen unserer Jugend – Atomkraft, Nachrüstung, Volkszählung – standen sie ganz auf unserer Seite.

Um meinen Anstecker mit der Aufschrift »Atomkraft? Nein Danke« – ich hatte mich wegen Tschernobyl für die Variante in russischer Sprache entschieden – musste ich keine Kämpfe mit meinen Eltern ausfechten. Im Gegenteil. Möglicherweise haben sie ihn mir sogar bezahlt. Und wenn ich mich nach Schule und Hausaufgaben zu einem der Proteststände in der Innenstadt stellte, um mit Passanten über den »Atomwahnsinn« zu diskutieren, war ihnen das nicht unrecht. Schließlich war ich noch so klein, dass mich sowieso keiner ernst nahm. Und außerdem wären die Alternativen, die die deutsche Jugendkultur damals anbot, in ihren Augen weitaus schlimmer gewesen: eine Sicherheitsnadel durch die Wange oder einen Cashmere-Pullover mit V-Ausschnitt.

Der Konsens ging in manchen Familien so weit, dass Kinder mit ihren Eltern Kurztrips zu den beliebtesten Brandherden des außerparlamentarischen Protests unternahmen: nach Wackersdorf, Mutlangen oder zum Hüttendorf der Startbahn West, das in unseren Augen aussah wie ein Abenteuerspielplatz für Erwachsene. Lea genoss diese Ausflüge mit ihren Eltern. Das leichte Kribbeln der Gefahr gab ihr das Gefühl von Überlegenheit gegenüber den armen Klassenkameraden, die am Wochenende zum Wandern in den Harz fuhren. Bei dem familiären Polittourismus gab es jedoch klare Grenzen der Subversion. In der Aufwärmphase war alles »easy«: Jongleure bewundern, Stockbrot übers Lagerfeuer halten, Ermutigungslieder aus dem linksalternativen Songbook *Student für Europa* anstimmen. Aber nur die wenigsten Eltern wollten ihre Kinder im Wasserwerferstrahl abhärten, sie wussten immer, wann es Zeit war zu gehen. Eigentlich war das für alle Teilnehmer sehr praktisch: Kinder waren kleine Frühwarnsysteme auf zwei Beinen.

Auch nach ihrer aktiven Zeit durften wir auf die politische Unterstützung unserer Eltern zählen: bei der Vermeidung des Wehrdienstes beispielsweise. Sie schickten uns zu den besten Ärzten wegen eines Untauglichkeitsattestes und lasen unsere schriftliche Begründung Korrektur. Und wenn sie uns zähneknirschend zur Bundeswehr rieten, dann vor allem, weil die »Kriegsdienstverweigerung« später berufliche Nachteile bringen könnte. Ihre kooperative Haltung in dieser Frage hatte zwei Gründe. Zum einen zählte »staatsbürgerliche Pflichterfüllung« für sie zu den damals ausgesprochen unpopulären Sekundärtugenden, mit denen man, wie es Oskar Lafontaine seinem Parteifreund Helmut Schmidt mal attestierte, auch ein KZ leiten könnte. Zum anderen weckte unsere Einberufung bei ihnen schlimme Erinnerungen. Sie haben den Zweiten Weltkrieg oder seine Nachbeben noch erlebt, haben ihren Vater gebrochen zurückkehren sehen, ihren Bruder verloren, sind durch zerbombte Städte gelaufen. Auch bei der Diskussion über den Irak-Krieg wurde deutlich, dass Kriegsangst bei ihnen keine Frage der politischen Haltung oder gar der Parteizugehörigkeit ist. Wir dagegen genossen die Gnade der späten Geburt – und auch die der frühen Geburt. Wir waren viel zu jung, um irgendwelche Weltkriegstraumata zu haben – und sind zu alt, um entscheiden zu müssen, ob und mit welcher Begründung wir beispielsweise in Bosnien oder Afghanistan den »Dienst an der Waffe« verweigern. Unsere damaligen Motive spiegelten eine recht sorglose Zeit. Auf sinnlose Befehle, Robben im Schlamm, minderwertige Pornografie im Stockbett meinten wir verzichten zu können. Was wir damals Pazifismus nannten, war eben auch Bequemlichkeit.

Was den politischen Alltag betraf, begaben sich unsere Eltern in eine Haltung, die man die »äußere Emigration« nennen könnte. Ihr Engagement erlahmte, sie wandten sich ostentativ von der Politik ab – und hofften trotzdem insgeheim auf Besserung. Doch der anfangs belächelte Helmut Kohl ließ sie sechzehn Jahre lang hoffen. Und dass ausgerechnet »Birne«, wie ihn sogar unsere Eltern zuweilen nannten, die Wiedervereinigung hinkriegte, war nicht leicht zu verdauen. Es vergällte ihnen, die natürlich auch Verwandte und Erinnerungen im Osten hatten, genau genommen sogar die Einheit. Oskar Lafontaine warnte im Wahlkampf 1990 vor den Kosten, anstatt wie Kohl von »blühenden Landschaften« zu fabulieren. Die Linke behielt Recht, die Rechte blieb noch fast ein Jahrzehnt an der Macht.

Und dann war es endlich so weit: Die 68er vollendeten ihren Marsch und landeten auf der Regierungsbank. Doch als sie mit eigentümlich altmodischen Sektschalen auf ihren ersten Wahlsieg anstießen, waren sie nicht wieder zu erkennen. Auf dem berühmten Triumpffoto mit Schröder, Fischer und Lafontaine sieht man stinknormale Machttiere. Bei unseren Eltern knallten an jenem Abend die Korken nicht, sie seufzten allenfalls erleichtert, dass Kohl, den schon lange niemand mehr »Birne« nannte, endlich reif war.

Kurze Zeit darauf mussten sie dann auch feststellen: Der große Unterschied war gar nicht so groß. Der »Aussitzer« Kohl wurde durch den »Basta«-Kanzler ersetzt. Parteifreunde werden weggebissen, Probleme ausgesessen, Standpunkte nach Belieben gewechselt. Mehr noch als sein tatsächliches Handeln stört unsere Eltern der Stil des Kanzlers: seine offensichtliche Gier, den Wirtschaftsbossen zu gefallen, seine pubertäre Lust an Zigarren und Machtworten, seine schnoddrige Prinzipienlosigkeit. Und selbst Joschka Fischer, beliebtester deutscher Politiker, zeigt Spuren der Macht. Seine diplomatischen Tänzchen mit Madeleine Albright wirkten allzu zauberschülerhaft, seine Selbstliebe weist absolutistische Züge auf, und seine Herablassung gegenüber Journalisten lässt ihn neureich erscheinen. Bei der Berliner Parteiparty nach der Wiederwahl 2002 wurde der Außenminister bejubelt, aber der König der Herzen war sein Widersacher Hans-Christian Ströbele, ein Moralist, den seine Partei von der Landesliste gemobbt hatte und der es überhaupt nur mit einem Direktmandat in den Bundestag geschafft hatte. Gerhard Schröder hatte eine verloren geglaubte Wahl noch einmal herumgerissen, doch mitgerissen hatte er unsere Eltern nicht. Der vielleicht häufigste Satz an diesem Abend: »Immer noch besser, als wenn Stoiber jetzt Bundeskanzler wäre.«

Wieso verfolgen sie trotzdem aufmerksam die Abendnachrichten? Wieso treten sie aus ihren Parteien nicht aus? So altmodisch das klingt: Unseren Eltern ist der Glaube an die Verbesserbarkeit der Welt nicht auszutreiben. Und dabei fangen sie vor der eigenen Haustür an. Ihr Auto wählen sie nach dem Benzinverbrauch aus, und mit ihren fein ausdifferenzierten Mülltrennungskonzepten überfordern sie uns regelmäßig. Dem allzu nassforsch polemisierenden Nachbarn unterstellen sie Sympathien für die Republikaner und machen ihn deshalb besonders gern mit ihren ausländischen Freunden bekannt, dem Taxifahrer mit den radikalen Ansichten fahren sie mit schlagkräftigen Gegenargumenten über den Mund. Sie wollen einfach nicht aufgeben. Und dafür ist ihnen jede Begründung recht. »Mit einem Mal war alles scheiße«, analysiert Michael Moore im Vorwort von *Stupid White Men*. Der Erfolg dieses stets etwas platt argumentierenden Polit-Entertainers deutet auf einen bereits zur Folklore gehörenden Antiamerikanismus hin, aber auch auf ein ganz aktuelles Misstrauen gegenüber einer immer selbstherrlicher agierenden Supermacht. Wie davor schon Hans-Peter Martins und Harald Schumanns *Die Globalisierungsfalle* lassen solche Kampfschriften unsere Eltern Frühlingsluft wittern, weil sie die Überzeugung, dass man aus der »Welt einen besseren Platz« machen könnte (hier treffen sich Karl Marx und Michael Jackson), nie ganz aufgegeben haben.

Doch vielleicht werden unsere Eltern die Welt ja tatsächlich noch zum Guten hin verändern. Denn schenkt man dem Max-Planck-Institut Glauben, das kürzlich das so genannte Berliner Weisheitsparadigma aufgestellt hat, so steht ihnen noch eine große Zukunft bevor. Anhand von Modellsituationen wurde die Konfliktlösungsfähigkeit der Probanden getestet. Das Erstaunliche dabei: Besonders gut schnitten Männer und Frauen um die siebzig ab. Die Folgerung des Altersforschers Paul Baltes: Gerhard Schröders

Kabinett sei für die Lösung der großen gesellschaftlichen Konflikte nicht zu alt. Sondern zu jung.

In seiner untersten Schreibtischschublade hat mein Vater noch ein paar Autogrammkarten, aus der Zeit, als er in Köln für den Stadtrat kandidierte. Das Foto ist leicht angegilbt, doch die Balance aus wachem Geist und Schüchternheit ist immer noch bestechend. Dieser Blick meines Vaters hat sich übrigens nicht wesentlich verändert. Egal, für welches Amt er sich noch bewerben sollte: Meine Stimme ist ihm sicher.

»Bring ruhig deine Wäsche mit nach Hause. Die wasch ich doch gern.«

Wie unsere Eltern unseren Auszug verkraften

Ich war zum ersten Mal zu Besuch in ihrer neuen Wohnung. Lea war mit ihrem Mann Felix nach Berlin gezogen, nachdem sie fünf Jahre lang davon gesprochen hatten. Die riesige, ziemlich baufällige Wohnung hatten die beiden in den vergangenen Wochen mit hohem persönlichem Arbeitseinsatz renoviert. An einem von Leas Fingernägeln klebte noch ein bisschen weiße Farbe, und während sie in den *Generation-Golf*-Kühlschrankmagneten vergeblich das Wort Glühbirnen suchte, lenkte sie das Gespräch schon vor dem Aperitif auf die Wohnung – eine für kinderlose Paare typische thematische Brückenlösung, wenn sie für Party-Prahlereien zu alt und für Krankheiten zu jung sind. Leas Vater war extra aus Ibiza für drei Wochen nach Berlin gekommen, um bei der Renovierung zu helfen. Weshalb Felix eine lange Lobeshymne vorausschickte, bevor er erzählte, dass dieser den Wasserhahn für den Whirlpool falsch angeschlossen hatte. In der Wanne sitzend, müsse man jetzt den Arm verdrehen, um das Wasser heißer oder kälter zu stellen. Ein Luxusproblem? Mag sein. Aber das Problem war ja nicht der Whirlpool, sondern die Frage:

Wie sag ich's meinen Eltern? Sie haben es doch nur gut gemeint.

Mit den ersten Schritten ins eigene Leben muss man sich dieser Frage unausweichlich stellen. Und entgegen dem Klischee bereiten diese Schritte nicht nur unseren Eltern Probleme. »Ich brach in Tränen aus. Ich gestand ihnen, dass ich gar nicht ausziehen wollte. Dass ich mich rausgeschmissen fühlte und nicht verstünde, warum sie mich plötzlich loswerden wollten«, schreibt Claudia Rusch in ihrem Buch *Meine freie deutsche Jugend* über den Moment, als ihre Eltern ihr die erste eigene Wohnung besorgt hatten – was in der DDR ungefähr einem Fünfer im Lotto gleichkam. Doch auch wir Westdeutschen hatten es mit dem Ausziehen nicht so furchtbar eilig. Unser Drang, das Elternhaus zu verlassen, hatte proportional zur wachsenden Toleranz der Erziehungsberechtigten abgenommen. Spätestens wenn uns die Willkür der Zentralstelle für die Vergabe von Studienplätzen zum Umzug zwang, war der Sprung aus dem warmen Nest ins kalte Wasser der Selbstständigkeit nicht mehr zu vermeiden – oder in das, was wir naiverweise für Selbstständigkeit hielten.

Je weiter wir uns (räumlich und finanziell) von unseren Eltern wegbewegten, desto unbändiger wurde ihr Drang, uns mit Tat und vor allem Rat zur Seite zu stehen. Was eine kuriose Umkehrung der Verhältnisse darstellte, denn zu Hause lautete das elfte Gebot: »Du sollst deinen Eltern helfen.« Diese Forderung unterstrichen sie mit Bauernregeln, die eigentlich unter ihrem Niveau waren. »Solange du deine Füße unter meinen Tisch streckst...« oder »Quod licet Iovi, non licet bovi« zitierten unsere Eltern ihre eigenen

Eltern und lächelten dabei ironisch. Trotzdem machten sie damit deutlich, wer das Sagen hatte. Wie so oft in zur Machtfrage aufgebauschten Konflikten ging es um Banales: Zimmer aufräumen (was Unordnung war, bestimmten selbstverständlich jene, die sie nicht zu beseitigen hatten), Einkäufe in den Keller tragen, Laub harken, Tisch abräumen. Schon damals war uns klar: Unsere Eltern hatten eine geringfügig schwerere Kindheit gehabt. Zur Klage hatten wir, objektiv gesehen, keinerlei Anlass.

Aber das Lästige waren ja nicht diese Hilfstätigkeiten, sondern die Dringlichkeit, mit der sie zu bestimmten Zeitpunkten verlangt wurden. Wenn unser Körper noch eine weitere Stunde *Titanic*-Lektüre, heimlichen Nikotingenuss oder ungestörten Sonntagvormittagsschlaf einforderte, genau dann musste der Müll hinausgebracht werden. Um ihren Willen durchzusetzen, entwickelte beispielsweise meine Mutter eine Technik des Staubsaugens, bei der sie den Saugkopf mit besonderer Wucht gegen die Kinderzimmertür donnerte. Ohne den Missbrauch irgendwelcher Genussmittel am Vorabend erwachte ich mit einem Brummschädel – und der Bereitschaft, wirklich alles zu tun, damit dieser Lärm ein Ende hat.

Das erste Symptom nach erfolgtem Auszug ist akuter Trennungsschmerz – bei uns und noch sehr viel stärker bei den Eltern. Dieser Schmerz führt anfangs, also in den ersten zehn bis fünfzehn Jahren, zu regelmäßigen Anrufen. Genauer gesagt: zur Erwartung regelmäßiger Anrufe. Um zu erreichen, dass wir uns von selbst melden, arbeiten unsere Eltern mit allen Tricks. Sie rufen betont früh an, wenn wir frei haben – »Wir sind schon seit acht auf den Beinen.« Sie rufen an, wenn wir Stress haben – »Ach, heute habt ihr ja Redaktionsschluss.« Sie rufen demonstrativ gar nicht an. Besonders niederträchtig: Sie rufen unsere Geschwister an und lassen ausrichten, dass sie sich vernachlässigt fühlen. Oder sie rufen gleich unseren Partner an und heucheln Sorge – »Ist er vielleicht krank?« Natürlich durchschauen wir diese Strategien und ignorieren sie, solange wir können. Doch auch Kinder sind nur Menschen: Wir gehen den Weg des geringsten Widerstands, und der führt in diesem Fall zum Telefon.

Aber die Zeiten sind vorbei, in denen ältere Menschen im Ohrensessel saßen und schicksalsergeben auf das heiß ersehnte Schrillen warteten. Wir wollen sie erreichen und stellen fest: Das ist gar nicht so einfach. Manchmal heben sie zwar den Hörer ab, wimmeln uns aber ab, weil sie gerade »auf dem Sprung« sind oder Besuch haben. Manchmal gehen sie auch gar nicht ans Telefon, und dann haben sie auch noch ihren Anrufbeantworter versehentlich so eingestellt, dass wir keine Nachricht hinterlassen können. Tatsächlich verbirgt sich hinter dieser technischen Unbeholfenheit Zielstrebigkeit. Unsere Eltern haben eine besonders perfide Spielart des Attention-Deficit-Syndroms entwickelt. Sie fordern verbissen unsere Aufmerksamkeit ein, um uns dann mit aufreizender Lässigkeit demonstrieren zu können, wie sehr sie noch im Leben stehen.

Am liebsten ist es unseren Eltern, wenn sie zu einem festen Termin von ihren Kindern hören. Bevorzugt wird dabei besonders der Sonntagmorgen vor dem Mittagessen. Dafür gibt es einen emotionalen und zwei praktische Gründe:

Sie hindern uns daran, dass wir zu lange schlafen – wobei es mir bis heute ein Rätsel ist, was daran falsch sein soll. Sie haben ein gutes Gesprächsthema beim Essen. Und – das ist sicherlich der wichtigste Grund – es schmeckt ihnen einfach besser, wenn sie wissen, dass das Kind noch lebt.

Häufig gibt es bei diesen Telefonaten eigentlich gar nichts zu erzählen, aber das stört sie nicht weiter. Im Gegenteil, unsere Eltern gehören zwar einer diskursfreudigen Generation an, doch echte News wie ein neuer Job und ein bevorstehender Umzug machen ihnen nur Sorgen. Viel lieber sind ihnen die Banalitäten des klippenlosen Alltags, und deshalb fragen sie jedes Mal aufs Neue, wie das Wetter sei, ob wir was von unseren Geschwistern gehört hätten, was wir gegessen hätten. Gerade eine geregelte und gut dokumentierte Nahrungsaufnahme ist für viele Eltern wichtig – für uns Kinder ist das nur schwer nachzuvollziehen. Vielleicht lässt es sich damit erklären, dass sie während der Kriegs- und Nachkriegszeit hungern mussten und so eine warme Mahlzeit für sie zum Synonym für allgemeines Wohlbefinden wurde.

Dass es uns zuweilen viel besser geht, wenn wir nichts essen, weil wir gerade wieder eine neue Allergie entwickelt, eine neue Diät entdeckt oder einfach keine Zeit haben, lassen wir nur durchblicken, wenn unsere Mutter für New-Age-Ernährung empfänglich ist. Dann allerdings macht sie nichts glücklicher als das Wissen: Auch er nimmt kein Milcheiweiß mehr zu sich. Oder: Sie fastet jetzt schon drei Tage lang. Beseelt beenden sie dann das Gespräch, nur um wenige Sekunden später mit ein paar weiterführenden Ratschlägen wieder zum Hörer zu greifen: »Du weißt, dass du jetzt viel Wasser trinken musst.«

Schöner als jedes Telefonat ist natürlich der direkte Eltern-Kind-Kontakt. Unsere Eltern lassen sich in drei Typen klassifizieren: die Ungeschickten, die Faulen und die Hilfsbereiten, wobei in diesem Fall die Reihenfolge keine Rangfolge darstellt. Denn schwierig sind alle drei Elterntypen zu handhaben.

Die ungeschickten Eltern sind einfach nur eine Gefahr für den Haushalt: mit zwei linken Händen, der Gabe, alles zu zerbrechen, und hartnäckigem Unverständnis für die innere Logik einer fremden Wohnung. Wenn Leas Mutter Ursel zu Besuch ist, spielt sich jedes Mal die gleiche Szene ab. Früher oder später schleicht sie in die Küche und beginnt, den Herd zu schrubben. In weniger als einer halben Stunde schafft sie es, die Küche in ein Chaos zu verwandeln, in dem selbst der Hausherr verzweifelt. Und dabei ist Felix ein überaus geduldiger und freundlicher Schwiegersohn. Man kann ihr dafür nicht böse sein. Bevor ihre Ehe geschieden wurde, hatte sie eine Putzfrau – sie fühlt sich einfach nicht zur Hausfrau berufen. Bei Lea und Felix verwechselt sie die Putzmittel, sortiert die Gläser falsch ein, lässt den Kühlschrank offen stehen, weil sie immer wieder vergisst, dass die Tür nur auf Druck schließt. Neuerdings wird sie bei jedem Besuch direkt ins Wohnzimmer gelotst, und damit sind alle zufrieden: Die Mutter hat ihren guten Willen demonstriert, der Schwiegersohn das Schlimmste verhindert.

Die faulen Eltern sind im Grunde harmlos – wenn sie nur

zu ihrer Faulheit stehen würden. Wir wären ihnen dafür sogar dankbar, denn mit der eigenen Wohnung wächst unser Bedürfnis, als passable Gastgeber durchzugehen. Und auch wenn das in Benimmbüchern so nicht gesagt wird: Ein guter Gastgeber entmündigt den Besucher, er steuert dessen Bedürfnisse und verhindert jede unerwünschte Aktivität. Unsere Väter haben damit traditionell kaum Probleme. Ihre Strategie, sich bei Hausarbeiten ungeschickt anzustellen, hat ihnen viel Arbeit erspart, also bleiben sie routiniert im Sessel sitzen, wenn sie uns besuchen. Unsere Mütter dagegen mussten sich diese Passivität mühsam antrainieren. Ob das eine Spielart von Altersemanzipation ist oder ein Hinweis auf schwindenden Elan, lassen sie dabei im Unklaren. Was sie sich jedoch meistens nicht verkneifen können, ist der Hinweis darauf, dass sie ja ihr Leben lang für andere den Tisch gedeckt haben und es sich jetzt gern mal gut gehen lassen. Doch selbst wenn wir sie bedienen, flößen sie uns ein schlechtes Gewissen ein – darin sind sie Weltmeisterinnen.

Die Hilfsbereiten schaffen es, auch nach Jahren getrennter Haushalte innerhalb kürzester Zeit Eltern-Kind-Hierarchien wiederherzustellen, wobei wir daran nicht ganz unbeteiligt sind. Zwar hatten wir schon mit vierzehn Jahren das Gefühl, sehr gut für uns allein sorgen zu können, doch was die lästigen Dinge des Lebens betrifft, sind wir leicht zu durchschauen und noch leichter zu manipulieren. Skrupellos nutzen unsere Eltern jede Schwäche aus: »Bring ruhig deine Wäsche mit nach Hause. Die wasch ich doch gern« lautet der trügerische Sirenengesang der Mutter. Und schon hat sie ihr Ziel erreicht: Wir sitzen auf dem

Sofa, lassen uns Tee nachschenken und lauschen ergeben dem neuesten Nachbarschaftsklatsch und dem Blubbern der Waschmaschine. »Wenn wir nach Berlin kommen, fahren wir zusammen zu Ikea«, verspricht der Vater mit einer Stimme, die Dübel und Ordnung verheißt. Eine einmalige Chance, ihn mit wenig Aufwand glücklich zu machen. Wenn er mit Wasserwaage und mitgebrachter Bohrmaschine am Badezimmerspiegel hantiert, summt er ein Liedchen, hat einige Nägel zwischen die Zähne geklemmt und ist ganz bei sich.

Der Preis, den wir dafür zahlen, ist eine Flut guter Ratschläge. »Habt ihr schon ein CD-Regal? Was ist mit dem neuen Lattenrost? Und braucht ihr nicht endlich mal ein Gewürzbord?«, fragt der Vater lauernd. Und auf einmal diskutieren wir Bedürfnisse, von denen wir gar nicht wissen, dass wir sie haben. Was wir jedoch ganz genau wissen: Niemand ist schneller beleidigt als ein zurückgewiesener Wohltäter. Und wenn es mal einen ernsthaften Streit um Verantwortung, Selbstbestimmung oder Lebensplanung gibt, kann ein lapidarer Satz eine verheerende Durchschlagskraft entwickeln: »Du schaffst es seit einem Jahr nicht, einen Kleiderhaken aufzuhängen.«

Was man sich von vornherein aus dem Kopf schlagen sollte: erbrachte Hilfeleistungen zu reklamieren. So bemühte sich Felix tapfer um ein Lächeln, als sein Schwiegervater den Wasserhahn am Whirlpool zufrieden musterte und entschied: »Da muss man sich ein bisschen aus der Wanne beugen, aber ihr seid ja noch jung.« Hier hilft nur Pragmatismus: Jedes Wannenbad wird in den nächsten Jahren an die Hilfsbereitschaft der geliebten Familie erinnern.

Auch wenn die Mutter den fehlenden Knopf an dem Prada-Hemd durch einen »so ähnlich« aussehenden ersetzt oder »endlich« Gardinen für unser Wohnzimmer besorgt hat, sorgt plumpe Ehrlichkeit nur für langfristige atmosphärische Störungen. Es gilt, dankbare Miene zum gut gemeinten Spiel und hinterher alles rückgängig zu machen. Und auf keinen Fall zu vergessen, vor dem nächsten Besuch die Vorhänge wieder aufzuhängen.

»Wärst du jetzt nicht mal dran mit einer Gehaltserhöhung?« Wie unsere Eltern an unseren Jobs verzweifeln

»Soll ich dich mal im Büro besuchen kommen?«, fragte mein Vater vor seinem Berlin-Besuch. Das klang selbstverständlicher, als es war. Seit zwei Jahren arbeitete ich bei der *Welt am Sonntag*, einer Zeitung, von deren Existenz ich erst erfuhr, als ich aus meinem Elternhaus ausgezogen war. Zu Hause hatten wir die *Zeit*, den *Spiegel*, die *Frankfurter Rundschau*, später die *Tageszeitung* abonniert, und ein Kollege meines Vaters galt als Sonderling, weil er regelmäßig *Bild* las. Anfang der Achtziger arbeitete mein Vater gerade an einer umfangreichen Studie für das Bundesinnenministerium über die Entstehung des Terrorismus. Damals erzählte er gern beim Mittagessen von den Hetzkampagnen der Springerpresse gegen die Studentenbewegung.

Von seinen Vorbehalten gegenüber meinem Arbeitgeber war nichts zu spüren, als ich ihn meinen Kollegen vorstellte. Sofort zettelte er ein Schwätzchen an: Nichts ist schließlich interessanter als die Welt der eigenen Kinder, zumal wenn sie einen mit unverhohlener Neugier anblickt. Und nichts beflügelt die kommunikativen Fähigkeiten meines Vaters stärker als ein Sohn, dem die Situation nicht ganz geheuer ist. »Und hier arbeite ich«, schob ich ihn in mein Zimmer. Unser enges Verwandtschaftsverhältnis lässt sich an seinem und meinem Arbeitszimmer ablesen: Den Drang, Bücher, Papier und Zeitschriften zu stapeln, hat er an mich weitergegeben. Sein Blick schweifte einmal schnell durch den Raum – unmöglich zu sagen, was er nur streifte und was er wahrnahm. Als das zweite Mal das Telefon klingelte, führte ich ihn, um Ruhe zu haben, in den verlagseigenen Journalistenclub im achtzehnten Stock, der für seine Auswahl an deutschen Weißweinen und die grandiose Aussicht berühmt ist. Mein Vater war wie immer: freundlich und darauf bedacht, sich nicht aufzudrängen. Er ging dann auch bald wieder. Am Abend, als wir uns in einer Schöneberger Kneipe auf ein Bier trafen, kommentierte er seinen Redaktionsbesuch: »Ich hatte die ganze Zeit das Gefühl, ich befände mich in Feindesgebiet.«

Kaum etwas beschäftigt unsere Eltern mehr als unsere Karrieren. Sie sind der Gradmesser, ob wir ein gesellschaftlich anerkanntes, materiell abgesichertes Leben führen können; und insofern auch ein Hinweis darauf, wie gut sie selbst ihren Job gemacht haben. Wenn die Tochter nach einem halben Semester ihr drittes Studium abbricht und mal wieder ein paar Monate in dem Szeneschuhladen These Boots Are Made For Walking jobbt, fragen sie sich, ob es eine gute Idee war, sie zur Waldorfschule zu schicken. Und wenn der Sohn nie vor zweiundzwanzig Uhr von der Arbeit kommt und seine Kinder selbst am Wochenende nur stundenweise sieht, kommt ihnen der Gedanke, ob nicht auch

Fleiß ein schlechtes Vorbild sein kann. Vor allem aber fragen sich unsere Eltern, warum wir nicht denselben Beruf ergriffen haben wie sie.

Wohl kaum ein Film verdeutlicht uns diese Problematik besser als *Der Pate* von Francis Ford Coppola. Bei Familie Corleone handelt es sich um einen Gangsterclan, der sein Geld mit Olivenölimport sowie mit Mord, Erpressung und Glücksspiel macht. Obwohl alles hart gesottene Burschen, ist ihnen nichts wichtiger als Familie: Wenn auf den Straßen der Krieg tobt, kochen die Bosse gemeinsam Spagetti, und wenn man ein Clan-Mitglied dazu bringen will, sich selbstmörderisch leichtsinnig zu verhalten, muss man nur dessen Schwester verprügeln. Größter Stolz und zugleich größtes Problem des Paten sind seine Söhne: ein Heißsporn, ein Schwächling und ein Dissident, der gegen den Willen seines Vaters in Vietnam kämpft und eine Nichtitalienerin liebt. Wer von ihnen die nötige Kaltblütigkeit besitzt, den Familienbetrieb zu leiten, ist zu Anfang des Filmes noch nicht klar. Aber dass einer den Laden übernehmen wird, steht außer Frage.

Die DVD-Box *Der Pate 1–3* liegt bei uns im Schrank, aber der Gedanke, dass wir ins Geschäft unserer Eltern einsteigen oder ihnen sonst irgendwie nacheifern sollten, käme uns abwegig vor. Es mag auch heute noch den deutschen Patriarchen und Konzerngründer geben, der seinem Ältesten androht, dass er die Firma zu übernehmen habe. Natürlich auch den Handwerker, der seine Kinder mit sechzehn zu einer Lehre drängt, weil das Geld hinten und vorn nicht reicht. Aber ein Großteil unserer Eltern verband unsere Berufswahl vor allem mit einem Wunsch: dass wir damit glücklich werden. Sie ahnten ja nicht, welche Verantwortung sie uns damit aufbürdeten.

Bei Johannes waren sie froh, dass er überhaupt irgendetwas tun wollte. Er war immer ein schlechter Schüler, streifte tagelang mit seinem Opa, der Jäger war, durch den Wald, fing lieber Mäuse für seinen Steinkauz, als Bücher zu lesen. Als er mit siebzehn entschied, Tischler zu werden, atmete die Familie auf. Heute konstruiert er Filmsets und richtet Restaurants ein, für deren Besitzer die Gestaltung der Unisex-Toiletten ebenso wichtig ist wie die Speisekarte. Seine Eltern, sie Krankenschwester, er Elektriker, sind noch nie in den Lokalen gewesen, deren Möbel er entworfen hat. »Sie würden sich da nicht wohl fühlen«, sagt er.

Was in der Schule mit uns geschah, glaubten unsere Eltern noch zu verstehen, aber als wir einen Beruf ergriffen, betraten wir eine für sie fremde Welt. Aufstieg und Absturz der New Economy ist dafür nur das plakativste Beispiel: Die Wunderkinder des Neuen Marktes verkauften Optionen auf Mediendienstleistungen, in der Hoffnung, dass irgendwann einmal Geld fließt. Bevor unsere Eltern genau verstanden hatten, was da eigentlich passierte (und im günstigsten Fall auch, bevor sie ihre Bundesanleihen in EM.TV-Aktien umgetauscht hatten), hatte der freie Fall des Nemax schon begonnen. Einige unserer Altersgenossen schafften die Strecke Firmengründung-Millionär-Arbeitsamt ja in wenigen Monaten. Das ist zumindest für Eltern ein Tempo, bei dem ihnen langsam unheimlich wird.

Doch auch weniger beschleunigte Lebensläufe irritieren sie, wenn sie sich nicht schnurgerade und in vertrauten

Bahnen bewegen. Als Gunnar sich nach dem Abitur erfolgreich um die Bundeswehr gedrückt hatte (irgendein Attest wegen seiner schwachen Knie), wollte er Filme machen. Und da er das deutsche Kino für zutiefst mittelmäßig hielt, wollte er sein Handwerk in Übersee lernen. Mit der Telefonnummer der Freundin einer Freundin bewaffnet, also optimal vorbereitet, flog er nach New York. Ohne Aufenthaltsgenehmigung, fast ohne Geld, aber mit Ich-tue-alles-Energie. Er bekam einen Job als Ausstattungsassistent bei einer Filmproduktion, fuhr regelmäßig nach Kanada, um sein Touristenvisum zu verlängern, und seine Mutter schickte ihm eine kleine monatliche Unterstützung. Er wollte gar nicht so genau wissen, wie sie die noch beiseite legen konnte. Sein Job bestand darin, Requisiten bereitzuhalten, abzuholen und zurückzugeben. Manchmal durfte Gunnar sogar einen Vorschlag machen, etwa welche Zigaretten ein französischer Tourist wohl auf dem Frühstückstisch seines One-Night-Stands liegen lassen würde. Der Vorteil seiner Arbeit: Er musste praktisch rund um die Uhr zur Verfügung stehen, sodass ihn sein winziges Zimmer in der Avenue B gar nicht weiter störte. Gunnar glaubte sich zwar nicht am Ziel seiner Träume angelangt, aber er hatte das Gefühl, den entscheidenden Schritt in die richtige Richtung gemacht zu haben. Nach einem halben Jahr fragte ihn seine Mutter zaghaft am Telefon: »Willst du nicht mal wieder nach Hause kommen und was Richtiges machen?«

Was genau »was Richtiges« ist, wissen unsere Eltern natürlich selbst nicht. Das gesellschaftliche Ansehen von vielen hochrespektablen Jobs hat in den vergangenen Jahren gelitten, und im Zuge des allgemeinen Sparens ist selbst die unerschütterliche Krisenfestigkeit des Beamtentums nur eine Frage der Zeit. Übrigens ist das Beamtendasein weniger attraktiv, als gemeinhin angenommen. Jeder einzelne Lehrer wird derzeit persönlich für die PISA-Krise haftbar gemacht. Und, wenn er Pech hat, obendrein noch von einem Sechzehnjährigen krankenhausreif geschlagen, dessen Freundin sich ungerecht benotet fühlt. Auch bei anderen Traumberufen blättert der Lack ab: Glaubt man jungen Medizinern, dann krebsen sie knapp über dem Existenzminimum, bei den Juristen floriert vor allem die Insolvenzbranche, Nachwuchsarchitekten ruinieren ihre Augen in fruchtlosen Nachtschichten. Und Journalisten schreiben eifrig Bücher, weil eine Säuberungswelle nach der anderen durch die Redaktionen spült. Als wir noch zur Schule gingen, stand auf unseren Lederjacken »No Future«. Heute wünschten wir, die Zukunft hätte uns nicht beim Wort genommen.

Diese raueren Zeiten werden begleitet von einer Arbeitswelt, die sich radikal geändert hat. Um die Sorgen ihrer Kinder zu verstehen, müssen unsere Eltern erst einmal Vokabeln lernen. Neue Anforderungen heißen Job-Descriptions, häufiges Wechseln des Arbeitgebers nennt man Job-Hopping, häufiges Wechseln des Berufs ergibt eine Patchwork-Karriere.

Aber der Reihe nach. Bei den Job-Descriptions sind wir selbst ratlos. Wie erklärt man Eltern, was ein Pitch ist, ein Below-the-Line-Marketing, ein Hair-Make-up-Artist, ein Copy-Test, ein Testimonial? Am besten gar nicht. Nicht etwa, weil sie es nicht verstehen würden, sondern weil sie die altmodische Tugend des kritischen Hinterfragens pflegen. Und der Sinn, den wir in neumodische Dienstleistungs- und Medienberufe hineinlesen, ist ein so fragiles Rechtfertigungskartenhaus, dass schon ein einfaches »Wozu ist das gut?« alles zum Einstürzen bringen könnte. Oder wollen wir wirklich darüber diskutieren, warum David Beckhams Frisur die Gender-Debatte in eine völlig neue Richtung zwingt? Warum nach dem lauffeuerartigen Trend zum Frauenmagazin im Handtaschenformat zwangsläufig die Männerzeitschriften größer werden? Warum Event-Marketing-Assistent bei Adidas ein Superjob ist, bei Jean Pascale aber ein ganz mieser? Darüber könnten wir nächtelang sprechen. Aber nicht mit unseren Eltern.

Denn die schätzen zwar die Kritische Theorie, aber sie sind Meister der nicht ganz so kritischen Praxis. Sie gewöhnen sich an (fast) jeden Beruf – wenn wir ihn nur lange genug behalten. Sie selbst haben ihre Laufbahn meist in berechenbaren Zyklen absolviert: Nicht selten wurden sie in der Firma pensioniert, in der sie jahrzehntelang gearbeitet hatten. Heute hat das Tempo angezogen. Bis ungefähr fünfunddreißig – das ist ja das Alter, in dem die psychologische (leider auch die physische) Schwerkraft einsetzt – wechseln sich unsere Jobs fast im Jahresrhythmus ab. Erst erkennen wir, dass wir uns für das falsche Studienfach entschieden haben, dann machen wir ein Volontariat hier, bekommen einen Einjahresvertrag dort, arbeiten eine Zeit lang als Scheinselbstständige. Für unsere Eltern ist diese Vieljobberei Besorgnis erregend. Kaum haben sie sich daran gewöhnt, dass ihr Sohn jetzt eine Zeitschrift im Wellness-Segment mitentwickelt, überrascht ihre

Tochter damit, dass sie ein Stipendium für Barcelona hat. Und der kleine Bruder hat zwar keinen Studienplatz bekommen, erledigt aber die Öffentlichkeitsarbeit für ein großes Marktforschungsinstitut.

Manchmal ist es nicht ganz leicht zu entscheiden, was da Aufstieg und was erster Schritt in die Arbeitslosigkeit ist. Und seitdem es nicht mehr selbstverständlich ist, dass sich aus dem guten Job ein noch besserer ergibt, erkennen wir den Wert von Kontinuität und Sicherheit. Wir denken schon wie unsere Eltern: Wir würden uns heute auch an fast jeden Beruf gewöhnen – wenn wir ihn nur lange genug behalten dürften.

»Ich könnte mir vorstellen, auch mal was ganz anderes zu machen«, überschreibt Florian Illies ein Kapitel in seinem Buch *Generation Golf zwei* und karikiert damit Helden des Alltags, die sich von ihrer eigenen Flexibilität überzeugen wollen, damit sie sich nicht vom Fleck rühren müssen. Tatsächlich haben die meisten von uns schon einmal »etwas ganz anderes« gemacht. Wir verändern uns von der TV-Journalistin zur Yogalehrerin, vom Sonderpädagogen zum Möbelhändler, vom Drogendealer zum Anästhesisten, vom Musikjournalisten zum Schokoladenverkäufer, vom Callboy zum Schriftsteller. Und das sind ausschließlich Fälle aus einem einzigen Handy-Speicher. Mit dieser Sprunghaftigkeit, wir nennen sie gern Neugier, überfordern wir regelmäßig unsere Eltern.

Nachdem sie meine Stationen als Konditorgeselle, Barkeeper, Architekturstudent mit Interesse und Wohlwollen verfolgt hatten, waren meine Eltern doch irritiert, als ich mein

Studium für ein Volontariat bei der Stadtzeitschrift *Prinz* hinschmiss. Wenig später bewarb ich mich als Darsteller in der Reality-Soap *Das wahre Leben*, einer Adaption des MTV-Formates *The Real World*: Sieben Menschen, die sich vorher nicht gekannt hatten, lebten in einer WG und wurden dabei gefilmt. In dieser Phase meines Berufslebens gaben es meine Eltern kurzfristig auf, mich verstehen zu wollen.

Wenige Jahre zuvor hatten aufrechte Linke gegen die Volkszählung protestiert, jetzt meldeten sich junge Menschen freiwillig zur Totalüberwachung. Das musste meinen Eltern suspekt sein, doch sie reagierten souverän. Beide auf ihre Art. Als ich von Berlin aus, wo *Das wahre Leben* produziert wurde, auf Kurzbesuch zu Omas Geburtstag in Hamburg war, wollte meine Mutter das Kamerateam zunächst nicht in die Wohnung lassen und gestattete es nur widerwillig und ihrer Mutter zuliebe, der die Dreharbeiten irgendwie schmeichelten. Damals bedauerte ich die Haltung meiner Mutter, heute bewundere ich sie dafür. In einer Zeit, in der jeder Nachbarschaftsstreit, jedes missglückte sexuelle Vorspiel und jeder Darmkrebsverdacht im Aufnahmestudio ausgetragen wird, ist *nicht* ins Fernsehen zu wollen eine der wenigen verbliebenen Avantgarde-Positionen.

Mein Vater dagegen besuchte mich sogar in unserem Fernsehloft, fing im Plauderton an, meine Mitbewohner am Esstisch auszufragen, und diskutierte mit mir über Marcel Reich-Ranicki. Er benahm sich genau so, wie man es von einem Soziologie-Professor erwartet, und er war alles andere als kamerascheu. Das Produktionsteam wollte, wie ich später erfuhr, meinen Vater am liebsten dabehalten und mich zurück nach Hamburg schicken. Er ließ mich mit zwei Erkenntnissen zurück: Egal, was wir tun, unsere Eltern nehmen Anteil. Und sie nutzen jede Chance, uns die Show zu stehlen.

Dabei sind sie unsere größten Fans und, was unseren Berufsalltag betrifft, von erstaunlicher Detailbesessenheit. Sie kennen die Namen unserer Kollegen, deren Familienstand, Marotten und Schwächen. Sie registrieren jeden noch so kleinen Karrieresprung mit dem gleichen Instinkt wie monatelangen Leerlauf. Mit der Frage »Wärst du jetzt nicht mal dran mit einer Gehaltserhöhung?« treffen sie den Nagel auf den Kopf und uns an einem wunden Punkt. Aber das ist eben ihre Auffassung von ehrlicher Hingabe: Nach innen quälen, nach außen prahlen. Wenn wir glauben, sie hätten noch nie ein gutes Wort für unseren neuen Job gefunden, ist bereits der gesamte Freundeskreis darüber informiert worden. Denn unsere Eltern sind die reinsten PR-Maschinen. Und ihre Wohnung ist die Agentur. So wie dort noch immer die Bilder hängen, die wir als Kinder gemalt haben (es sei denn, sie sind schlagartig von den Bildern der Enkel ersetzt worden), sammeln sie auch heute noch alles, was wir produzieren, herstellen, von uns geben: Zeitungsartikel und Fernsehfilme, Kunstwerke und Designerregale, Firmenselbstdarstellungen zum 50. Betriebsjubiläum und Quittengelee.

»Hast du was drin?«, fragen mich meine Eltern regelmäßig sonntags am Telefon. Um den Namen des eigenen Sohnes gedruckt zu sehen, blättern sie sich sogar durch Feindesgebiet.

»Dein Essen steht in der Mikrowelle.«
Wie unsere Eltern uns zu Feinschmeckern erzogen

»Du, ich hab so 'n Heißhunger auf Spreewaldgurken. Bringste mir welche mit?«, schmachtete Katrin Saß in *Good Bye, Lenin!* ihren von Daniel Brühl gespielten Sohn an. Die Schauspielerin ist durch den Film zur westöstlichen Diva geworden, dem Spreewaldgurken-Konzern geht es nun prächtig, und die »Einheit der Herzen« ist ein paar Pointen näher gerückt. Ohne den Erfolg dieser Komödie überbewerten zu wollen, belegt er doch zweierlei: Die bis an die Selbstverleugnung reichende Familienloyalität, die hier vorgeführt wird, spricht offenbar eine in Single-Haushalte atomisierte Gesellschaft an. Und die surrealen Wendungen der Weltgeschichte werden auf ein menschliches Maß reduziert, wenn man in ihre Früchte hineinbeißen kann.

So beschreiben die wechselnden Kühlschrankinhalte unserer Familien ziemlich präzise die (westdeutsche) Entwicklung vom zweckorientierten Wirtschaftswunderland zum sinnenfrohen Freizeitpark. Und der Marsch durch die Institutionen, gemeint waren Parteien, Behörden, Unternehmen, war eben auch ein Marsch durch die Lebensmittelabteilung.

Als wir von Brei auf feste Nahrung umgeschult wurden, also um 1970, befand sich Deutschland kulinarisch noch in der Nachkriegszeit. Die Speisepläne unserer Mütter waren geprägt von Sparsamkeit, Bequemlichkeit und präzisen Vorstellungen, was eine komplette Mahlzeit ausmacht. Morgens tröpfelte das heiße Wasser durch den weißen Porzellanfilter von Melitta, und aus der Glücksklee-Dose, deren Löcher immer ein bisschen verklebt waren, wurde ein Schuss Dosenmilch in den Bohnenkaffee geschwappt. Wir Kinder rührten Nesquik-Pulver mit Bananengeschmack in Frischmilch aus Tüten, die in stabilisierenden Plastikausgießern aufbewahrt wurde. Zum Mittagessen, wenn irgend möglich mit der ganzen Familie eingenommen, gab es »ein schönes Stück Fleisch«, wie meine Oma immer sagte, dazu graugrüne Erbsen extrafein von Bonduelle oder ein anderes Dosengemüse der Saison und natürlich einen Sattmacher, vorzugsweise Salzkartoffeln, selbstverständlich mit krauser Petersilie. Abends benutzten wir Holzbrettchen statt Teller, schmierten Rama und Teewurst auf die Graubrote oder legten einen Harzer Roller auf ein Knäckebrot von Wasa. Viel besser, weil süßer, schienen uns die besonderen Gelegenheiten, bei denen unsere Mütter Dosenananas und Kochschinken auf einer Toastbrotscheibe stapelten und das Ganze mit einer quadratischen Scheibe Käse überbuken. »Euch hat das damals geschmeckt«, verteidigen sich unsere Mütter heute mit beleidigtem Tremolo. Aber wenn sie ehrlich sind, wundert sie das inzwischen genauso wie uns.

In den vergangenen dreißig Jahren sind die Deutschen im Schnitt um drei Zentimeter größer geworden. Sonst haben sie sich äußerlich kaum verändert. Doch würde man die Mageninhalte vergleichen, so wären sie nicht wieder zu erkennen. Verantwortlich für die gewaltigen geschmacklichen und volkswirtschaftlichen Verschiebungen sind unsere Mütter. Von patenten Nachlassverwalterinnen eines ziemlich erbärmlichen Erbes verwandelten sie sich in Feinschmeckerinnen, die mit ihrem Appetit auf Abenteuer den Einzelhandel vor sich hertrieben und nach immer neuen Nahrungsmitteln, Küchenutensilien und Kochbüchern verlangten. Die Küchen unserer Mütter wurden zu Laboratorien des Zeitgeistes und wir zu seinen Vorkostern.

Erfolg hat viele Mütter, und auf die Frage, wer die deutsche Kochkunst aus ihrer Tristesse befreit hat, gibt es verschiedene Antworten. Die Gastarbeiter sind schuld, könnte man vermuten. Den ersten Blick über den mehlsaucenbekleckerten Tellerrand konnten die Deutschen in den Balkangrills der eingewanderten Jugoslawen, den Eisdielen und Pizzerien der Italiener wagen. Zwar sollte es noch einige Jahre dauern, bis aus »zwei Expressos« ein elegantes »due espressi, per favore« werden sollte, doch bezeichnend ist, dass die Kneipe in der *Lindenstraße* Akropolis heißt und nicht etwa Bei Uschi und ich.

»Die Fresswelle, das bin ich«, würde sich vielleicht Wolfram Siebeck in die gut gepolsterte Brust werfen. Mit enthusiastischen Attacken gegen die deutsche »Plumpsküche« sowie narrensicheren Rezepten traf er die Bedürfnisse einer Generation, die nach dem Motto speiste: Mehr Gastronomie wagen. Über die neue deutsche Küche schrieb er in seinem Buch *Nicht nur Kraut und Rüben*: »Nicht Restauration, sondern Reformen heißt das Gebot, wenn sie neben dem patriotischen Logo auch ein kulinarisches Gütesiegel besitzen soll.« Wolfram Siebeck lehrte die deutsche Sozialdemokratie, und damit unsere Eltern, die Feinschmeckerei nicht dem Klassenfeind zu überlassen.

Doch letzten Endes sind für das deutsche Küchenwunder – und das wird gern übersehen – unsere Mütter verantwortlich. In einem seiner berühmtesten Sketche lässt Loriot Evelyn Hamann in der Volkshochschule ein so genanntes Jodel-Diplom machen. Von einem Reporter dazu befragt, erklärt sie stolz, dass sie sich damit »etwas Eigenes« schaffen wolle. Damit persifliert der Komiker die damals aufkeimende Bekenntniswut vor laufender Kamera, aber vor allem den gesellschaftlichen Druck zur Selbstverwirklichung, unter dem in den Siebzigern unsere Mütter standen. Als sie zum Traualtar schritten, war »Hausfrau und Mutter« eine allgemein akzeptierte Lebensentscheidung, fünfzehn Jahre später ein Schimpfwort. Wenn schon eine Hausfrau, sagten sich die daheim gebliebenen Mütter, dann wenigstens eine kreative und moderne.

Der erste Entwicklungsschritt war die Tiefkühltruhensucht. Geblendet von dem Versprechen, dass Vitamine und Vorratshaltung kein Widerspruch sein müssen, froren unsere Mütter ab Mitte der Siebziger so ziemlich alles ein, was sich nicht mehr wehren konnte: Früchte, Hackfleisch, Brot. Wie das »unmögliche Möbelhaus aus Schweden« schaffte es der Lieferdienst Bofrost, eine eigentümliche Faszination mit seinen Prospekten zu erzeugen: Unsere Mütter blätterten stundenlang im Katalog, machten sich Notizen und gaben sich genussvoll der Illusion hin, dass eine so komplexe Aufgabe wie die Ernährung einer Familie planbar sei.

In der festen Überzeugung, dass alles immer praktischer und gesünder werden sollte, waren unsere Mütter, sonst nicht unbedingt Triebwerke des technischen Fortschritts, allen Neuerungen aufgeschlossen. Nachdem eine Zeit lang der Römertopf als Inbegriff des »schonenden Garens« vergöttert wurde, ließen sie ihn plötzlich in der untersten Schublade verstauben, als eine neue Generation Dampfdrucktöpfe auf den Markt drängte. Der Thrill, den unsere Mütter mit diesen Ungetümen aus Stahl erlebten, verdeutlicht sehr gut, warum ihnen Formel-1-Rennen im Fernsehen nur ein Gähnen entlocken konnten. Was ist schon ein brennender Bolide im Fernsehen gegen eine explodierte Hühnersuppe in der eigenen Küche?

Nicht alle Neuerungen verbesserten das Familienleben, denn viele Haushaltshilfen erwiesen sich als wartungsintensiv oder einfach nur überflüssig: die Jogurtmaschine, die Brotbackmaschine, der Entsafter, der alles kann, nur nicht Orangen. In dieser Hinsicht waren unsere Mütter wie alle guten Konsumenten: leicht zu blenden, schnell mit dem Scheckheft, aber auch unsentimental. Wenn eine Maschine im Praxistest nicht genügte oder einfach langweilig wurde, kam sie ins Kellerexil. Und zwar lebenslänglich.

Ein neuer Geist brachte neue Rezepte hervor: Als unsere Mütter die erste selbst gebackene Pizza aus dem Ofen zogen, programmierten sie zugleich die kollektive DNA des deutschen Volkes um. Auch unsere Kinder und Kindeskinder werden auf die Frage nach ihrem Lieblingsgericht zuverlässig antworten: Pizza. Oder Spagetti mit Tomatensauce. Gefunden haben unsere Mütter diese Rezepte in *meine Familie & ich* oder *Essen und Trinken.* Jeden Mittag überraschten sie mit etwas Neuem: Piroggen, Ratatouille, Osso Buco. Nur im November wurde das *Dr. Oetker Schulkochbuch* wegen der zuverlässigen Weihnachtskeksrezepte konsultiert.

Und die Väter? Gehörte nicht zum neuen Rollenverständnis auch die Gleichberechtigung in der Küche? Sind nicht die besten Köche immer Männer gewesen? Früher waren sie im Hausgebrauch zumindest für das rituelle Anschneiden des Bratens gut, dem sie eine Wichtigkeit verliehen, als hätten sie das Schwein eigenhändig erlegt. Doch nun übernahmen sie auch andere Aufgaben, und dabei schälten sich zwei Typen heraus: der Perfektionist, der für alles einen Spezialtopf von Fissler oder Le Creuset brauchte, der nur zu besonderen Gelegenheiten mit mehrtägigem Vorlauf kochte und eine Clique von Connaisseuren um sich scharte, die jedem normalsterblichen Genießer mit ihrer Kompetenz den Appetit verdarben. Und der Tollpatsch, der mit jedem seiner ungeschickten Handgriffe um Hilfe zu schreien schien. Unsere Mütter wussten nicht, wen sie zuerst aus der Küche jagen sollten.

Die wirkliche Kulturrevolution brachte jedoch die Mikrowelle. Sie verkörperte die Atemlosigkeit der frühen Achtziger und machte einen der ältesten Menschheitsträume wahr: das Zubereiten von Mahlzeiten ohne Einsatz von Mühe oder Zeit.

Für Johannes' Mutter war das ideal. Bei vier Kindern und einem Mann war es praktisch unmöglich, einen einheitlichen Termin zum Mittagessen zu finden. Anstatt wie bisher ungeduldige Frühheimkehrer von den Töpfen fern halten zu müssen, stellte sie für jeden eine Portion in den Kühlschrank, die bei Bedarf in fünfunddreißig Sekunden aufgewärmt werden konnte. Johannes hatte den Zwang zum pünktlichen Nachhausekommen schon immer gehasst, nun schlich er an seinen mittagsschlafenden Eltern vorbei, um allein in der Küche auf das metallische Fertig-Piepen zu warten. Und jetzt hasste er den Brief, den er jeden Mittag fand: »Dein Essen steht in der Mikrowelle.«

Für die gemeinsamen Mahlzeiten gab es ja McDonald's. Die riesigen Becher voller Cola und Eis, die angenehme Nichtkonsistenz der Hamburger, die Tatsache, dass jeder sein eigenes Tablett hatte und hinterher die Reste einfach wegschmeißen konnte, machte diese zur schönsten aller Nahrungsaufnahmen: keine Verteilungskämpfe, kein Streit ums Abwaschen. Wenn es unsere Mütter verletzte, dass wir bei McDonald's wunschlos glücklich waren, dann überspielten sie das souverän.

Doch sie gaben nicht kampflos auf, sondern nahmen die Fast-Food-Herausforderung an. Lange vor Pomp Duck and Circumstance, Tafeln wie im Mittelalter und chinesischen Neujahrsbuffets erfanden unsere Mütter die Erlebnisgastronomie. Schon mit einem simplen Fonduetopf konnten sie zwei Fliegen mit einer Klappe schlagen: Die Erwachsenen spürten beim Eintauchen der Fleischgabeln einen Hauch von polyglottem Glamour, die Kinder freuten sich über »Atomwürstchen«, an den Enden kreuzweise eingeritzte Wiener, die sich im heißen Fett bizarr verformten. Es folgte die vollautomatische Fritteuse, in der zeitweise praktisch alles zubereitet wurde. Und dann kam das Raclettegerät, mit dem Essen endgültig zum Gesellschaftsspiel wurde.

Alle Moden überdauert haben lediglich der Toaster (wenngleich die Geräte erst hochmodern, dann umständlich altmodisch wurden) und das Waffeleisen. Neben den mit Nivea gesalbten Mutterhänden war der vielleicht prägendste Duft unserer Kindheit der süßwürzige Dampf, der an Sommertagen aus einem frisch mit Teig gefüllten Waffeleisen aufstieg.

»Jeden Morgen gehe ich auf den Markt und schlendere zwischen den Ständen und Auslagen umher (...). Nur wenn ich die Waren selbst aussuche, weiß ich, daß der eine Bauer hervorragende Kardonen anbietet, der andere den besten Spinat anbaut und jener heute morgen seinen vorzüglichen Ziegenkäse auf den Markt gebracht hat«, schrieb 1976 der französische Koch Paul Bocuse in seinem Buch *Die Neue Küche*.

Was heute wie eine Selbstverständlichkeit klingt, verlangte von unseren Eltern ein radikales Umdenken. Ihr Ideal von einem gelungenen Einkauf war bis dahin ein Besuch im Großmarkt Metro gewesen. Auf die XXL-Einkaufswagen stapelten sie Fruchtsaftpaletten, Großpackungen Hanuta, meterweise gefrorene Schweinekoteletts, und den Schreck schluckten sie an der Kasse mit dem Gedanken an das viele gesparte Geld wieder herunter.

Doch als wir Kinder aus dem Gröbsten heraus waren und der Zeitgeist zwischen Gründung einer Landkommune und Einzug der Grünen in den hessischen Landtag oszillierte, mussten Einkäufe nicht mehr praktisch sein, sondern sinnlich. Weidenkörbe schwingend, schlenderten unsere Mütter auf dem Wochenmarkt von Stand zu Stand, als hätten sie ihr Leben lang nur direkt vom Erzeuger gekauft. Und wenn sie mit triumphierender Miene einen Bund besonders dreckiger Karotten vom Biohof schwenkten, dann dämmerte uns, dass Ernährung zu einer der Ersatzreligionen unserer Gesellschaft geworden ist. Nur dass die Zehn Gebote hier alle fünf Jahre umgeschrieben werden.

In ihrem Feuereifer – auch das kennzeichnet echte Pioniere – schossen unsere Mütter regelmäßig über das Ziel hinaus. Hatten sie einmal Knoblauch für sich entdeckt, eine Zeit lang wurde er sogar zärtlich Knofi genannt, verwendeten sie ihn gleich knollenweise. Die entgegengesetzte Richtung schlugen sie ein, als das Fleisch in Verruf kam. Während unsere Väter über die großen Gesamtzusammenhänge dozierten (»Besitzt die Marke Kraft nicht riesige Rinderherden in Argentinien?«), wurden unsere Mütter einfach Vegetarierinnen und konvertierten zu Grünkernrisotto, Weizenkleie und Sojabratlingen.

Die meisten wurden irgendwann rückfällig, aber die Angst vor Schadstoffen in der Nahrung war fortan ein ständiger Begleiter. Treibhaustomaten aus Holland begegneten wir auf einmal mit Hochmut, und je nach aktuellem Skandal (Penizillin im Schwein oder Östrogen im Kalb) wurden Fleischsorten boykottiert. Leber, früher wichtiger Bestandteil des Speiseplans, wurde gleich ganz gestrichen. Und jede

Woche kam eine neue Bedrohung dazu: Fuchsbandwurm auf Blaubeeren, Schwermetalle im Tunfisch, atomarer Regen auf polnischen Steinpilzen. Bei der Tilgung ungesunder Lebensmittel gingen unsere Mütter erbarmungslos vor, aber nicht immer ganz objektiv: Oft hatten wir das Gefühl, dass auf der schwarzen Liste vor allem das stand, worauf sie ohnehin keinen Appetit mehr hatten.

Das rückte unsere Mütter zuweilen in die Nähe religiöser Bußprediger wie Girolamo Savonarola, der den genusssüchtigen Medici in Florenz das Leben schwer machte. Was sie von diesen Eiferern jedoch auch heute noch unterscheidet: Sie predigen Wasser – aber sie haben auch immer einen Wein im Kühlschrank. Noch wichtiger als praktische, raffinierte und gesunde Küche ist ihnen Applaus von der richtigen Seite. Wenn sie voller Stolz ihr mit Ingwer und Zitronengras gewürztes Wok-Gemüse auf den Tisch stellen, dann durchweht uns manchmal ein Hauch von Sehnsucht, der unverkennbar nach Rinderrouladen duftet. Und auch zwei Jahrzehnte, nachdem sie der deutschen Küche »Arrivederci« gesagt haben, sind unsere Mütter die Letzten, die uns einen solchen Wunsch abschlagen würden.

»Das Dach müsste dringend neu gedeckt werden.« Wie unsere Eltern sich die Zeit vertreiben

Bis zu seinem 54. Geburtstag war der Vater von Moritz nicht weiter verhaltensauffällig. Er schwieg vielleicht ein bisschen mehr als andere Väter, machte aber seinen Job im Arbeitsamt trotzdem gut. Sein Hobby war die Musik. In einem Kellerraum hatte er seine Platten sorgfältig archiviert: die Originalalben der Beatles, *Freak Out* von Frank Zappa und The Mothers of Inventions, außerdem sehr alte Scheiben von Johnny Cash. Als sich Moritz die bröckeligen Cover näher anschaute, die Gebrauchsspuren auf dem Vinyl sah, spürte er – zumindest einen Abend lang – einen Hauch der Geschichte, von der sein Vater ein kleiner Teil ist. Und stellte sich die für jeden Sohn bohrenden Fragen: War er in seiner Jugend cooler als ich? Und heißt das, ich werde später mal genauso langweilig? Umso mehr überraschte ihn, als sein Vater erklärte, er werde sich jetzt eine Harley-Davidson kaufen.

Derartige Brüternaturen sind nicht leicht zu verstehen: Jahrelang geben sie praktisch keinen Ton von sich, dann verkünden sie eine Entscheidung, an der nicht zu rütteln ist. Moritz' spöttischer Hinweis auf sein schütteres Haar prallte ebenso ab wie die Frage seiner Frau, ob es nicht auch günstigere »Motorroller« gebe. Er war immer sparsam gewesen, doch jetzt kaufte er das Motorrad samt stilechter Lederkluft. Und seither verabschiedet er sich jeden Sommer zweimal, um mit seinen Freunden auf Tour zu gehen. Zu seinem 60. Geburtstag will er dann endlich die Route 66 herunterdonnern.

»Komm, gib mir deine Hand«, sangen die Beatles, Jahre bevor sie sich der »Revolution« zuwandten. Das wichtigste Versprechen, das sich ihre Generation gegeben hatte, war nicht die Bekämpfung des militärisch-industriellen Komplexes, sondern ein Leben mit hohem Freizeitwert. Unsere Eltern hatten zwar noch die Nachkriegstugenden Sparsamkeit, Disziplin und Fleiß verinnerlicht, aber sie gerieten zunehmend in den süßen Sog der Selbstverwirklichung.

Als Helmut Kohl zwanzig Jahre später den »Freizeitpark Deutschland« kritisierte, beklagte er, was das konservativ geleitete Wirtschaftswunder und die sozialdemokratisch verwalteten Reformbewegungen gemeinsam angerichtet hatten: eine befreite Gesellschaft, die einfach tut, wozu sie Lust hat. Durch den Zusammenbruch von Tradition und bürgerlichem Selbstverständnis nach dem Zweiten Weltkrieg war das Korsett der Konventionen gesprengt worden. Unsere Eltern erinnern sich noch, wie sie in der Schule Gedichte von Schiller und Goethe auswendig lernen mussten. Aber seit sie erwachsen sind, gehen sie lieber ins Kino. Durch ihre Generation ist Kultur zum Konsumgut und Freizeit zum Fetisch geworden.

Dabei ist der Begriff Hobby total aus der Mode gekommen. Er stammt schließlich aus einer Zeit, als Arbeit und

Vergnügen scharf getrennt betrachtet wurden, während wir heute ja zur Selbstausbeutung neigen, unter dem Vorwand, das Hobby zum Beruf gemacht zu haben. Das »interesselose Wohlgefallen« ist für Immanuel Kant Grundlage der Beschäftigung mit Kunst. Ähnlich war es bei Hobbys, nur dass die Gegenstände der Beschäftigungen streng genommen ein bisschen unter der eigenen Würde lagen. Das Errichten von blühenden Landschaften, in denen kleine Eisenbahnen ihre Kreise ziehen, das Anfertigen von Pullovern mit besonders komplizierten Mustern für mäßig begeisterte Angehörige, das Züchten von Tauben auf dem Dachboden und natürlich das Sammeln von Briefmarken, Nymphenburger Porzellan, Zinnsoldaten oder Prominentenbüsten verschiedenster Provenienz – davon ist im Leben unserer Eltern nicht viel übrig geblieben. Tüfteln, Frickeln und Basteln wurden als kleinbürgerliche Beschäftigungen abgelegt, versinnbildlicht durch »Papa«, der am Samstagnachmittag sein Auto poliert.

Das Private ist politisch, lautet einer der meistzitierten PR-Sprüche für die Lebensauffassung unserer Eltern. Auf ihre Freizeitgestaltung bezogen, hieß das: Auch Hobbys sind Teil des öffentlichen Lebens. Und so wurde ihr Privatleben harte Arbeit. Jedes Theaterstück, jedes Konzert und jedes Buch musste »interessant« sein, etwas bedeuten, von Meinungsmachern empfohlen sein. Das zeigen schon die Filmtitel jener Jahre, die über die Zunge kratzen: *Die bitteren Tränen der Petra von Kant*, *Die verlorene Ehre der Katharina Blum*, *Die Artisten in der Zirkuskuppel: ratlos*. Ein Film musste vor allem einen Diskurs ermöglichen. Und zu dem konnte es natürlich nur in den so genannten Programmkinos kommen, die vorzugsweise in alten Industriebauten mit klingenden Namen wie Arsenal, Zeche oder Brotfabrik zu finden waren. Kultur, so viel revolutionäres Bewusstsein hatte man sich bewahrt, wurde in der Fabrik erst schön. Unsere Eltern schafften die Diktatur der Hochkultur ab, aber ersetzten sie durch die Ästhetik des Widerstands.

Seitdem muss man in Deutschland entschuldigend lächeln, wenn man auf die Frage, was man denn lese, antwortet: einen Krimi. Und offensiv gesammelt darf nur noch Kunst werden. Am liebsten, wenn sie kritisch ist. So wie die des Genossen Klaus Staeck. Noch heute werden in SPD-Kreisen seine Bilder in Ehren gehalten. Seine Plakate mit »pfiffigen« Slogans wie »Deutsche Arbeiter! Die SPD will euch eure Villen im Tessin wegnehmen« möchten sich in der Tradition eines George Grosz oder John Heartfield verstanden wissen. Und sie belegen, unabhängig von ihrem durchaus diskutierbaren gestalterischen Reiz, was vom »Genossen Künstler« erwartet wird: eine aufrechte, durch keinerlei Zweifel oder ästhetischen Ehrgeiz getrübte Gesinnung.

Ähnliches gilt für die Plattensammlung. Da Popmusik schon lange ihre subversive Aura eingebüßt hat, sammelt man Weltmusik. Und das muss man unseren Eltern wirklich zum Vorwurf machen. Nachdem das »amerikanische Imperium«, und mit ihm die ganze westliche Zivilisation, für diese Generation ihre Unschuld verloren hatte, richtete sie ihr Ohr, jenem als unschuldig verklärten Sinnesorgan, in alle Welt: in den Mittelmeerraum, nach Osten und, vielleicht besonders hartnäckig, nach Südamerika, wo sich indianische Kultur, Armut und Sinnenfreude zu einem besonders klangvollen Mix verweben. Mercedes Sosa, Angelo Branduardi, die bulgarischen Frauenchöre – Musik verschiedenster Qualität und Provenienz leiert auf Wahlkampfpartys und Stadtteilfesten zum akustischen Klischee aus. Wobei man fairerweise sagen muss: Beim Buena Vista Social Club reichen sich alle Generationen die Hand.

Unsere Eltern fühlen sich permanent dazu verpflichtet, am Puls der Zeit zu sein. Jede Art von Freizeitvergnügen weckt ihr Interesse, das einfach nicht totzukriegen ist. Anstatt zu ihren Jazz-Brunches zu gehen oder es sich mit den DVD-Liebhabereditionen ihrer Lieblingsfilme und den Beatles-Alben (remastered) im Eames Chair gemütlich zu machen, schnappen sie uns in Kinos, Popkonzerten und Fitnessstudios die besten Plätze weg. Latent konkurrieren wir darum, wer zuerst die grandiose 68er-Abrechnung *Die Invasion der Barbaren* von Denys Arcand gesehen, wer eine profunde Meinung über die Qualitäten von Michel Houellebecq hat und wer zuerst von Skiern auf Snowboard umgestiegen ist.

Neben all den neumodischen Freizeitvergnügen ist das wichtigste Hobby unserer Eltern – eigentlich ist es eher eine Arbeitsbeschaffungsmaßnahme – überaus traditionell: die eigenen vier Wände. Grundsätzlich gilt: Keine Wohnung ist zu klein, als dass sie nicht Probleme machen könnte. Hier offenbart sich endlich mal eine kulturelle Kluft zwischen den Generationen. Während wir zu einer gewissen Lässigkeit neigen, die unsere Eltern als Faulheit missverstehen, sind sie Perfektionisten. Eine nackt im Flur hängende Glühbirne, mit der wir locker drei bis vier Jahre leben können, ertragen sie einfach nicht. Und um eine angemessene Flurlampe auszuwählen, können sie abendelang Kataloge wälzen, dann eine beherzte Entscheidung treffen, die sie wenige Tage später wieder revidieren. Die abenteuerliche Geschichte, wie unser Vater die Lampe noch einmal umtauschen konnte, obwohl die Originalverpackung längst im Altpapier gelandet war, gehört zu den Alltagsdramen, deren Unterhaltungswert von unseren Eltern grundsätzlich überschätzt wird.

Perfektion beweisen unsere Eltern noch in einem anderen häuslichen Bereich: Sie können nichts wegwerfen, ihren eigenen Besitz nicht und unseren schon gar nicht. Sie heben Jugendmöbel, Brettspiele, selbst gemalte Bilder auf, lagern sie ein, widmen sie um. Bei Björns Eltern hat diese Neigung Formen angenommen, die man fast bedrohlich nennen könnte. Alle zwei Jahre beabsichtigt die Mutter, den Sperrmüll zu bestellen, um endlich Raum zu schaffen. Bei genauerer Untersuchung findet sie dann einfach nichts, wovon sie sich trennen mag.

Für uns gleicht deshalb ein Besuch zu Hause einer Visite in einem Museum des eigenen Lebens. Was uns auch ganz recht ist, denn wir fügen dem Ganzen ja auch immer gern noch Gegenstände aus unserem gegenwärtigen Leben hinzu. Im Garten meiner Eltern steht unter dem Baum mit den säuerlichen, dickschaligen Äpfeln ein Designerstuhl, der auf nicht mehr nachvollziehbaren Wegen in meinen Besitz geraten war. Bei irgendeinem Umzug musste ich ihn loswerden, wie ein T-Shirt, dessen Farben noch leuchten, das um den Bauch aber rätselhafterweise zu eng geworden ist. Der Stuhl ist den Weg aller Dinge gegangen, die fürs Leben zu sperrig, zum Wegwerfen aber zu schade sind: Bei den Eltern ist immer Platz.

Unerklärlich bleibt es für uns verschwenderisch veranlagte Naturen, wie es selbst Eltern, die nie besonders üppig verdient haben, schaffen konnten, an ein eigenes Haus zu kommen. Und dann haben sie ausgesorgt, zumindest was den Gesprächsstoff betrifft. Jedes Jahr eröffnen Barbaras Eltern die Gartensaison mit einer leidenschaftlichen Debatte, bei der es nur in den Augen von Außenstehenden um Nebensächlichkeiten geht. Etwa ob die alten Terrassenmöbel noch gut genug seien, die Hecke zu tief geschnitten wurde und ob sie jetzt endlich mal den Bau des Wintergartens in Angriff nehmen sollten. Nicht zu vergessen der wegen seiner finanziellen Dimensionen besonders beliebte Klassiker: »Das Dach müsste dringend neu gedeckt werden.« Der Mechanismus solcher Diskussionen, in die die Familie und der gesamte Bekanntenkreis eingebunden werden, folgt einer eingespielten Dramaturgie: Die Eltern holen möglichst viele abweichende Meinungen ein, wobei sie durch permanentes Wechseln der eigenen Standpunkte für ein Maximum an Verwirrung sorgen. Dann machen sie, was sie von Anfang an im Sinn gehabt haben.

Ihre besondere Liebe gilt der Alarmanlage. Schließlich hat sie gleich zwei Aufgaben zu erfüllen: Sie suggeriert ständige Gefahr, wodurch diffusen Ängsten ein konkretes Ventil geboten wird. Und sie dient als Disziplinierungsinstrument für die eigenen Kinder. Da wir es in den Augen unserer Eltern als vornehmlichste Lebensaufgabe betrachten, das Haus in ihrer Abwesenheit zu verwüsten, können die Instruktionen gar nicht präzise genug sein, mit denen sie uns, wenn überhaupt, den Schlüssel überreichen. Ob es nun der Wasseranschluss der Waschmaschine ist, der »ganz nach links« gedreht werden muss, oder die Biotonne, die am »Mittwochabend auf die Straße« gestellt werden soll – unsere Eltern führen uns durch ihr Reich, als wären wir begriffsstutzige Vandalen. Doch ihre größte Sorge gilt der Alarmanlage. »Ihr müsst unbedingt erst das obere Schloss zuschließen, bevor ihr den kleinen Schlüssel abzieht«, verabschieden sie sich mit unheilvollem Tremolo. Und so ertappen wir uns dabei, wie wir auf Zehenspitzen durch unser Elternhaus schleichen.

Wenn es für unsere Eltern ein Hobby gibt, das noch betreuungsintensiver ist als das eigene Haus, dann ist es das Zweithaus. Die praktischen Vorteile einer Ferme, Finca oder Casetta liegen auf der Hand: ständiger Ärger mit den Bauarbeitern (hier treten oft sorgfältig verdrängte Vorurteile gegenüber Südländern zu Tage), Probleme mit den engen Freunden, die nur kurz dort gewohnt und einen total verschimmelten Kühlschrank hinterlassen haben – und jedes Jahr ein Einbruch. Das Ferienhaus spiegelt präzise die Seele unserer Eltern, es entspricht ihrem nostalgischen Wunsch, etwas Bleibendes zu schaffen. Und es zeugt von ihrer neuzeitlichen Rastlosigkeit, ihrer unermüdlichen Problemlösungswut.

Denn unsere Eltern sind in aller Regel absolut ungeeignet, nichts zu tun. Wenn die Kinder aus dem Haus sind und das Berufsleben sich dem Ende zuneigt, stürzen sie sich auf kränkelnde Verwandte, neuartige Hobbys oder engagieren sich in karitativen Vereinen.

Oder ihnen fällt wieder ein, dass sie Freunde haben. In ihrem Drang, Rollenbilder zu hinterfragen und Gleichberechtigung zu leben, haben es sich unsere Eltern mit der Kontaktpflege nicht leicht gemacht. Gemeinschaftsstiftende Klassiker wie Skatabende unter Männern oder aufgekratzte Frauenrunden waren verpönt, Abende mit Freunden mussten gemischtgeschlechtlich und gemeinsam abgehalten werden. Das hatte eine strenge Auslese zur Folge, denn alle seine Freunde mussten auch ihr gefallen, und umgekehrt.

Die Freunde unserer Eltern – das waren merkwürdige Wesen, die sich nicht wie normale Erwachsene benahmen: Sie trugen die gleichen Frisuren und Bärte wie unsere Eltern, küssten sie zur Begrüßung und lachten mit ihnen über Witze, die wir nicht verstanden. Wir gestanden uns nur ungern ein, dass diese Menschen einfach die älteren Rechte an unseren Eltern hatten. Dabei hatten sie es uns denkbar leicht gemacht. Die viel gescholtene Infantilisierung der Gesellschaft nahm in der Generation unserer Eltern ihren Anfang, indem die Gräben zwischen Jung und Alt zugeschüttet wurden. Am Esstisch gab es keine »Kinderecke«, wir wurden hinterher nicht zum »Spielen« geschickt, und wir spürten keine Herablassung, sondern echtes Interesse. Die Sitte, enge Freunde als »Tante« oder »Onkel« einzuführen, galt als altmodisch, und die Grenzen zwischen Freunden und Familie verschwammen dafür umso mehr. Ihre Freunde waren auch unsere Freunde –

deren Kinder allerdings nicht. Wenn wir nur hörten: »Die Marlou ist doch in eurem Alter«, oder: »Axel spielt auch Badminton«, wussten wir schon: Mit denen wollen wir nichts zu tun haben, denn unsere Freunde suchen wir uns schon selbst aus.

Von unseren Eltern lernten wir auch, wie man Freunde verliert. Barbaras Eltern Walter und Renate waren jahrelang ganz dick mit Volker und Heidi, einem kinderlos gebliebenen Paar. Ihn kannte er noch vom Germanistikstudium, in sie war er mal ein halbes Semester verliebt gewesen. Volker und Heidi fuhren mit der Familie in den Urlaub, organisierten gemeinsame Sommerfeste, ließen Barbaras älteren Bruder bei ihrem Hausbau sein erstes Geld verdienen. Von einem Tag auf den anderen erkaltete die Freundschaft, weil Volker eine neue Freundin hatte. Walter hatte Verständnis, Renate hielt zu Heidi, und weil sie sich nicht einigen konnten, brachen sie den Kontakt mit beiden ab.

Meist brauchte es noch nicht einmal einen Anlass: Durch unsere Eltern lernten wir, wie zerbrechlich »Freundschaften fürs Leben« tatsächlich sind. Ein neuer Job, ein Umzug in eine andere Stadt, und schon sah man sich jahrzehntelang nicht, schrieb sich vielleicht zu Weihnachten eine Karte, vergaß immer öfter, dass man ja eigentlich mal anrufen wollte. Denn »einfach mal so« besuchten die wenigsten Eltern ihre Freunde. Früher angeblich aus Zeitnot (die Kinder), heute eigentlich auch (das Haus, der Partner, irgendeine kleine Krankheit). Wo keine Hindernisse sind, müssen eben welche konstruiert werden. Tatsächlich handelt es sich wohl um eine gewisse Unlust, spontan und ohne Anlass zu verreisen.

Natürlich sind uns selbst auch schon Freundschaften fürs Leben zerbrochen. Was wir für richtig tragisch hielten, weil wir glaubten: Die wichtigen, die bleibenden Menschen trifft man, wenn man ganz jung und offen ist. Ein Blick auf unsere Eltern zeigt jedoch, dass Jugend und Offenheit keine Altersfrage sind. Auch wenn sie in der aktiven Kontaktsuche etwas erlahmen, so schließen unsere Eltern die Freundschaften, wie sie fallen: Bei jedem Sommerfest entdecken wir neue Gesichter unbekannter Herkunft.

Zum anderen leben sie uns vor, dass gesunde Distanz die Freundschaft erhält. Bei den großen Jubiläen – Silberhochzeit, 60. Geburtstag, Pensionierung – und natürlich auch bei Beerdigungen tauchen plötzlich Menschen mit merkwürdigen, doch irgendwie vertraut klingenden Spitznamen wieder auf, ein bisschen grauer und mit frappierend lebhaften Erinnerungen daran, wie wir uns mit vier Jahren am Skilift in die Hose gepinkelt hatten, wie wir im Freibad vom Klettergerüst gefallen waren, wie wir aus Angst vor dem Hofhund in den Ferien auf dem Bauernhof auf der Weide übernachten wollten. Merkwürdigerweise wissen sie oft genauso gut über unsere aktuellen Aktivitäten Bescheid – auch Networking ist eben eine Erfindung unserer Eltern.

»Willst du wirklich ein Taxi nehmen?«
Wie unsere Eltern mit Geld umgehen

Wann ich mich das letzte Mal so richtig geschämt habe? Als ich mir für ein glücklicherweise erfolgloses Bewerbungsgespräch einen Helmut-Lang-Anzug gekauft hatte und damit bei meinen Eltern aufkreuzte. »Was hat der denn gekostet?«, fragte mein nicht sehr diskreter Vater, und bevor ich nachdenken konnte, sagte ich: »Der war herabgesetzt: nur 950 Euro.« Hinterher bringt es auch nichts, sich die Zunge abzubeißen oder die Lippen zuzunähen. Aber ich wünschte, mir wäre eine bessere Antwort eingefallen als ausgerechnet die Wahrheit. Mein Vater hat nie auch nur annähernd so viel Geld für einen Anzug ausgegeben. Dabei hatte ich noch Glück, dass meine Mutter gerade nicht im Raum war. Die hätte mich für verrückt und obendrein für moralisch labil erklärt. Denn egal, wie wohlhabend sie sind: Eltern haben sehr genaue Vorstellungen, wofür man wie viel Geld ausgeben darf. Und diese Vorstellungen stimmen selten mit den Konsumgewohnheiten ihrer Kinder überein.

»Ich bin ja sehr reich«, gab Christian Kracht vor einigen Jahren in einem Interview seinen puritanischen Kritikern Recht. In seinem Romandebüt *Faserland* beschreibt er kenntnisreich und zugleich angewidert eine Jugend zwischen Barbourjacken und Champagnerrausch, die ihren Weltekel in Verachtung für die falschen Kaufentscheidungen auslebt. Genau so sehen unsere Eltern uns gern: als verwöhnte Markenfetischisten, die sich in den Oberflächen einer Hochglanzwelt spiegeln, als Patrick Batemans ohne Schlachtermesser. »Euch geht es viel zu gut«, haben sie sich immer wieder beklagt, als hätten sie nicht ihr ganzes Leben genau darauf hingearbeitet.

Und als wären sie früher nicht genauso gewesen. Zu Zeiten des Wirtschaftswunders gehörten unsere Eltern zur heute heiß begehrten Zielgruppe der Vierzehn- bis Neunundvierzigjährigen. Natürlich würden sie uns gern glauben machen, dass sie die YSL-Rive-Gauche-Blusen, Yashica-Kameras und Interlübke-Schränke damals nur wegen ihrer Qualität und Langlebigkeit gekauft haben. Aber diese Art der Geschichtsklitterung ist so fadenscheinig wie überflüssig. Es ist unschwer nachzuvollziehen, wie unsere Eltern Konsumfreude und Statusdenken in den Siebzigern einer strengen Revision unterzogen, die alle Lebensbereiche betraf. Wir haben den calvinistischen Zeitgeist der deutschen Linken noch miterlebt, und wenn nicht, so können wir ihm in Filmen wie der zu Recht gelobten Milieustudie *Sie haben Knut* nachspüren. Der Stolz auf den selbst erworbenen Wohlstand war nicht mehr so richtig en vogue, die materielle Verfeinerung des Lebensstils kein Thema. Stattdessen wurden andere Fragen diskutiert: Wozu brauchen wir ein Auto, wenn ein Fahrrad doch viel ökologischer ist? Sind Ledersofas nicht was für »Bonzen«? Und im Hinblick auf unsere Erziehung: Wie viel Taschengeld ist gesund, wie viel verdirbt den Charakter?

Die Antworten auf die Konsumbeschränkung waren so widersprüchlich, wie ein Einkaufsbummel mit Alice Schwarzer und Elizabeth Hurley ausfallen würde: Die eine fände den Versace-Fummel obszön teuer und dazu frauenfeindlich. Die andere lüpfte über den Preis der Simone-de-Beauvoir-Erstausgabe nur die gezupften Augenbrauen. Ihren Kreditrahmen überzögen sie beide.

Wenn unsere Eltern uns etwas über den Umgang mit Geld beigebracht haben, dann die Erkenntnis, dass Verschwendung Ansichtssache ist. So wohnte meine Familie zwar meist in geräumigen alten Häusern mit Garten, aber ich bekam weniger Taschengeld als meine Schulkameraden, in deren Fünfzigerjahre-Treppenhäusern ich regelmäßig auf dem Bohnerwachs ausrutschte. Jedes Musikinstrument, für das ich nur einen Ansatz von Interesse zeigte, wurde sofort gekauft (Klavier, Saxofon, Gitarre), aber die Hosen meines großen Bruders musste ich trotzdem auftragen. Und das in erster Linie aus pädagogischen Gründen. Wenn sie schon im Kapitalismus lebten, so haben sich unsere Eltern gedacht, dann wollten sie das Geld wenigstens für sich arbeiten lassen. Zum Beispiel bei der Kindererziehung.

Wie einfach das Leben doch war, sobald man seinen Kindern zwei Dinge vermittelt hatte: die schmerzhaften Folgen des Taschengeldentzuges und den Segen einer Bonuszahlung. Wenn wir uns zweifelhafte Spielsachen wie Monchichis (Affenwesen mit Babygesichtern und Lutschdaumen) wünschten, verlangten sie von uns, dass wir dafür sparten. Sie wussten genau: Nichts lässt die Lust an Modeartikeln schneller verfliegen als Einschränkungen im eigenen Leben. Später wurde der Führerschein als Prämie fürs Nichtrauchen oder ein bestandenes Abitur ausgesetzt. Und auch reiche Eltern ließen ihre Kinder mit Interrail verreisen.

An alldem war überhaupt nichts auszusetzen, nur der allzu offensichtliche erzieherische Impetus ging uns auf die Nerven. So wie es eben besonders schmerzt, wenn man sieht, dass man manipuliert wird und sich nicht dagegen wehren kann. Die Phrase »Du sollst es mal besser haben als wir« fiel für unseren Geschmack zu selten. Stattdessen hieß es in der Hitze der Diskussion immer: »Als ich in deinem Alter war, hatte ich überhaupt keine Schuhe.« Und das ist nun einmal ein Argument, das jede sachliche Auseinandersetzung über das siebte Paar Nike-Sneaker im Keim erstickt.

Das andere noch schlagkräftigere Argument ist echter Mangel. Als Kind hat man ja instinktiv das Gefühl, benachteiligt zu werden, schließlich hat immer irgendein Klassenkamerad ein noch schickeres Fahrrad. Und in unserer Anspruchshaltung waren wir auch nicht gerade zimperlich. Je weniger existenziell die Sorgen, desto dramatischer erschien der Verzicht auf überflüssige Dinge, die in unserer Wahrnehmung alle anderen besaßen. Schon der Verzicht auf eine Ausgabe der Jugendzeitschrift *Yps* sorgte für Depressionen, wenn alle anderen Kinder mit der beigelegten Plastikguillotine spielten.

Diejenigen, die wirkliche Geldsorgen hatten, hielten das

sorgsam geheim. Wer nicht die Gabe hatte, Minderwertigkeitsgefühle in Aggression zu transponieren, blieb oft ziemlich allein. Mit ernsten Kindern will keiner spielen. In einem Alter, in dem seine Mitschüler gerade mal in der Lage waren, ihr Taschengeld in Ahoi-Brausepäckchen umzurechnen, wusste Gunnar bereits, was das Wort Unterhaltszahlung bedeutet. Und was es bedeutet, wenn das Geld monatelang nicht kommt. Jeden Morgen schmierte ihm seine Mutter ein Schulbrot mit der billigsten Wurst aus dem Supermarkt. Und jeden Morgen auf dem Weg zur Schule schmiss Gunnar das ganze Paket weg. In der ersten großen Pause rannten die anderen in den »Milchkeller«, um Kakao, Pudding und Saft zu kaufen, und er studierte konzentriert die Anschläge auf dem schwarzen Brett, damit nicht auffiel, dass er keinen Pfennig in der Tasche hatte. Natürlich sagte er seiner Mutter kein Wort davon.

»Ist es dir nicht mehr gut genug, was ich koche?«, fragt sie heute jedes Mal, wenn er sie zum Essen einladen will. Seit drei Jahren überweist Gunnar seiner Mutter monatlich die Miete, damit sie mit ihrer Minirente klarkommt. Umso wichtiger ist es ihr (und ihm), dass sie sich nicht als Almosenempfängerin fühlt. Gunnar weiß inzwischen, worauf sie hinauswill: Wenn er ihre Kochkünste ausgiebig genug gelobt hat, lässt sie sich, natürlich nur unter Protest, ausführen. Mit ein bisschen Fingerspitzengefühl müssen Stolz und Schwertfisch-Carpaccio kein Widerspruch sein.

Noch in Studienzeiten hatte die Selbstverständlichkeit, mit der unserem Vater im Restaurant die Rechnung hingelegt wurde, etwas Vertrauenerweckendes. Heute führt die Frage, wer zahlt, zu einem Ringkampf. Denn mit der

Kreditkarte legen die Eltern auch ihren ungebrochenen Führungsanspruch auf den Tisch. Als Björn seine Eltern während eines Urlaubs in der Toskana besuchte, hatte er einen dieser verführerischen 19-Euro-Flüge gebucht. Dafür musste er von Hamburg mit der Bahn nach Lübeck, von dort flog er zu einem Flughafen nahe dem Nürburgring, stieg dann in einen anderen Flieger und landete eineinhalb Busstunden von Florenz entfernt. Als er in der Innenstadt ankam, hatte er nur einen Wunsch: ein heißes Bad. »Da drüben fährt ein Bus fast bis direkt vor unser Hotel«, verkündete seine Mutter, die ihn vom Busbahnhof abholte, und schickte das Taxi, das Björn herangewinkt hatte, mit herrischer Geste weg. Denn Taxi fahren rangiert für unsere Eltern auf der moralischen Rangliste knapp vor der Benutzung von Mobiltelefonen: nur in äußersten Notfällen gestattet.

»In den Fünfzigerjahren ist man zur Sparsamkeit erzogen worden«, erklärte Mick Jagger in einem Interview zu seinem 60. Geburtstag auf die Frage, warum er als Geizkragen gilt. »Meine Generation schmeißt keine Computer weg, nur weil sie nicht funktionieren – außer vielleicht mal vor Ärger aus dem Fenster.« Man kann sich direkt vorstellen, wie der Sänger, der jedes Jahr in der Liste der bestverdienenden Entertainer Großbritanniens auftaucht, seinen Kindern im Loire-Schloss oder auf der Karibikinsel Mustique Enthaltsamkeit predigt. Da ist Sir Michael nicht anders als unsere Eltern: Sie haben uns an das süße Leben herangeführt, jetzt sollen wir es uns selbst erarbeiten.

Was unsere Ausbildung betrifft, waren sie allerdings ausgesprochen großzügig: Sie drängten uns Schuljahre im Ausland geradezu auf, finanzierten, fast ohne zu murren, auch einen Studienplatzwechsel. Und wenn wir heute ein eigenes Geschäft eröffnen wollen (sei es eine Galerie für zeitgenössische Kunst oder ein Laden für handgeschöpfte Schokolade), dann helfen sie uns, so gut sie können. Der Haken daran: Sie wollen wissen, was wir für ihr Geld bekommen, wie das Studium läuft, ob wir mit dem Umsatz zufrieden sind. Aber auch, wie wir uns schon wieder leisten können, in den Urlaub zu fahren, oder warum wir jeden zweiten Abend essen gehen müssen. Die Falle, die sich hier auftut, könnte man die »emotionale Marktwirtschaft« nennen. Egal, was sie beteuern – unsere Eltern erkaufen sich Einblick in unser Leben. Und wie sie nun mal sind, stehen sie uns dann unerbittlich mit Ratschlägen zur Seite.

Es wirkt deswegen für alle Beteiligten ausgesprochen krampflösend, wenn unsere Eltern mal richtig viel Geld ausgeben. Meistens verbrämen sie ja ihre Investitionen als unbedingt notwendig: Das Haus braucht einen Anstrich, der manuelle Rasenmäher ist einfach zu anstrengend, in der alten Spülmaschine gehen die wahnsinnig teuren Rotweingläser immer kaputt. »Bei dem Navigationssystem haben sie mir einen super Preis gemacht«, entschuldigt sich der Vater, wenn er seinen Sohn im neuen Mercedes Probe fährt.

Als Björn nach der sehr langwierigen Busfahrt durch die Gassen von Florenz abends mit seinen Eltern in einem vornehmen Restaurant saß, bestellte der Vater schon zu den Secondi mit genüsslichem Schnalzen die zweite Flasche von seinem Lieblingswein für 158 Euro. Der Sohn hätte jetzt Taxi gegen Barolo aufrechnen können. Aber eigentlich fühlte er sich seinen Eltern in diesem Augenblick besonders nahe. Wenn sie schon mal ihre verschwenderische Seite ausleben, dann sollten wir sie nicht stoppen. Tatsächlich zeigt sich: Unsere Eltern können genauso unvernünftig sein wie wir. Wenn auch seltener.

Die verlorene Generation überschrieb die *Zeit* im Sommer 2003 einen Artikel, der das Verhältnis unserer Eltern zum Geld anprangerte. Sie hätten gegen den Staat aufbegehrt, sich aber auf dessen soziales Sicherungssystem verlassen und darüber vergessen, für die Zukunft ihrer Kinder zu sorgen. »Sie haben dabei versagt, ihre Kinder auf eine Welt vorzubereiten, in der Eigenverantwortung alles und staatlicher Schutz nichts bedeutet.« Tatsächlich sind unsere Eltern einfach nicht davon ausgegangen, dass sich die Welt so entwickeln würde. Wer konnte schon ahnen, dass es die viel beschworenen »Grenzen des Wachstums« wirklich gibt?

Was sie jedenfalls nicht versäumt haben: das Thema Geld aus der familiären Tabuzone zu holen. Während noch unsere Großväter nicht einmal ihren Ehefrauen die Finanzverhältnisse offen legten, haben unsere Eltern daraus noch nie ein Geheimnis gemacht. Begonnen hat es mit Feilschereien ums Taschengeld, heute schlüsseln sie uns ihre Rente genau auf. Meist wissen wir ziemlich detailliert über Einkommen und Vermögensverhältnisse unserer Eltern Bescheid, kennen Kaufpreis und Wert ihrer Häuser oder Wohnungen. Das Auf und Ab der Aktiendepots ist eines der wenigen Themen, über das sich Vater und Sohn nächtelang unterhalten können. Und wenn es doch mal Überraschungen gibt, dann sind es positive: hier noch ein demnächst fälliger Bausparvertrag, dort noch ein paar Bundesschatzbriefe. Wir würden ihnen das niemals ins Gesicht sagen, aber von der Art, wie unsere Eltern mit Geld umgehen, können wir noch was lernen.

Als ich zum ersten Mal für zwei Monate nach New York fuhr, war ich Anfang zwanzig. Mein Konto war so gut wie leer, eine Kreditkarte hatte ich selbstverständlich noch nicht. Da mein Vater in jenen Tagen ohnehin noch die Zahlung per Eurocheque bevorzugte, überließ er mir für die Dauer des Aufenthalts seine Diners-Club-Karte. Die ersten Wochen waren traumhaft: Ich wohnte in, wie mir schien, billigen Hotels, lebte sparsam und hielt auch beim Ausgehen mein Geld zusammen. Ich war richtig überrascht, was für ein tolles Leben man praktisch umsonst in New York führen konnte. Bis mein Vater mich anrief: Die Bank für Gemeinwirtschaft habe sich erkundigt, ob seine Kreditkarte gestohlen worden sei. Es sei so unheimlich viel Geld in sehr kurzer Zeit damit ausgegeben worden.

Kontrolle ist gut, Vertrauen ist besser, haben meine Eltern Lenin korrigiert. Sie behielten mit ihrem Vertrauen Recht: Ich zahlte alles zurück. Und habe heute noch großen Respekt vor jeder Kreditkarte.

»Ich leg dein Handy mal in den Schatten, sonst kriegt es noch einen Sonnenstich.«
Wie unsere Eltern mit moderner Technik hadern

Manchen Menschen gelingt einfach alles. Zum Beispiel Franz Beckenbauer. Er hat die WM 2006 nach Deutschland geholt, beglückt regelmäßig »Fußballdeutschland« mit Schmähungen, und auch beim Kinderzeugen ist er ein »wilder Kaiser«. Warum er darüber hinaus auch der erfolgreichste Werbeträger für Kommunikationstechnik wurde, ist erst auf den zweiten Blick schlüssig. Praktisch im Alleingang hat er die Handymarke E-plus populär gemacht.

Seine Allerweltssprüche wie »Die Grundgebühr ist auch schon drin« und »Ja, ist denn schon Weihnachten?« gaben dem Mobiltelefon-Boom etwas bis dahin ungekannt Bodenständiges. »Franz Beckenbauer wird zum authentischen Ruhepol in einer hektischen Kategorie«, begründete die zuständige Agentur die Casting-Entscheidung. Heute spielt er die Primadonna inter pares: Zwischen Anke Engelke und Dieter Bohlen wirbt er für das Mobilfunkunternehmen O_2. Bei den zuständigen Marketing-Chefs dürften zwei Motive eine Rolle gespielt haben. Da Sportlern der Ruf einer gewissen Schlichtheit vorauseilt, sind sie die idealen Identifikationsfiguren für technische Geräte, denn sie appellieren an das Gefühl: »Na, wenn selbst der Beckenbauer das versteht, kann ich das auch.« Und dann ist da noch sein Alter. Trotz seiner ungebrochenen Emsigkeit gehört Beckenbauer zu der Generation Drehwählscheibe. Einen Großteil seines kommunikativen Lebens hat er mit dem mausgrauen Standardmodell der Deutschen Bundespost verbracht, in dessen Zentrum die Nummern von Polizei, Feuerwehr und eigenem Anschluss notiert waren. Und das macht ihn zu einem prominenten Vertreter einer hochinteressanten Zielgruppe – denn im Alter garantiert ein Handy nicht nur Erreichbarkeit, sondern auch Sicherheit. Ein Telefon, das man bei sich trägt, ist Hilfe in der Not – das zumindest wollen die Anbieter unseren Eltern weismachen. Da die Angst vor Gebrechlichkeit lange vor dem körperlichen Verfall einsetzt, sind sie die idealen Handy-Kunden. Doch wie immer: Allzu einfache Lösungen wecken bei unseren Eltern vor allem Misstrauen und Verweigerung. So wie auch der allzu schnelle Fortschritt.

Als 1983 *Die Entdeckung der Langsamkeit* von Sten Nadolny erschien, beherrschten Zukunftsängste das deutsche Gemüt. Atomkraft und Nachrüstung, die Angstthemen jener Tage, sind inzwischen erledigt oder verdrängt, aber ein Symptom ist auch heute noch akut: der Unwille, sich von dem rasenden Zug des Fortschritts mitschleifen zu lassen. Nicht verwunderlich also, dass Nadolnys Roman über den englischen Nordpolfahrer John Franklin, den das Tempo des Lebens überfordert und der doch die Eindrücke, die er aufzunehmen in der Lage ist, gründlicher verarbeitet und speichert als andere, noch immer gern gelesen wird.

Bei ihrer Handy-Verweigerung werfen unsere Eltern ihr moralisches Wertesystem in die Waagschale: Man müsse nicht immer erreichbar sein. Verabredungen könne man ja auch einfach einhalten, ohne sich noch in letzter Sekunde umzuentscheiden. Es sei rücksichtslos, in Restaurants und Großraumwaggons per Telefon Geschäfte zu tätigen und Beziehungen zu beenden. Spätestens wenn sie die Renaissance des handgeschriebenen Briefes herbeisehnen, beschließen wir, die Diskussion zu vertagen.

Beim vorletzten Besuch zu Hause saß ich mit meiner Mutter im Garten. Der Waffelteig war schon angerührt, der Tee frisch aufgebrüht, ein günstiger Zeitpunkt, um vom bevorstehenden Umzug zu berichten. Mit geschultem Sinn für dramaturgische Störfeuer schob meine Mutter mein Mobiltelefon auf dem Gartentisch zwanzig Zentimeter nach links: »Ich leg dein Handy mal in den Schatten, sonst kriegt es noch einen Sonnenstich.«

Einer ihrer Widersprüche, die sie so liebenswert machen: Sie rettet das Telefon vor der gefährlichen Strahlung, und das, obwohl sie in ihm eigentlich einen natürlichen Feind wittert. Erst wenn sie mir zu Hause *und* im Büro Nachrichten hinterlassen hat, wählt sie widerstrebend die Mobilnummer. Sie hasst das Gefühl, nicht zu wissen, wer das Gespräch mithören kann. Vor allem aber hasst sie die unwiderlegbare Vorstellung, dass die »Handy-Strahlen« mein Gehirn zerstören könnten. Der verstaubte Slogan »Fasse Dich kurz«, mit dem die Post während goldener Monopoltage fürs Telefonieren warb – für Mobilfunkgespräche mit meinen Eltern gilt er noch.

Was wir von ihnen lernen können: Der Fortschritt kommt schon früh genug. Mit dem Kauf eines eigenen Gerätes gehen die Probleme erst richtig los. Wenn sie ihr Handy mit auf Reisen nehmen, lassen sie grundsätzlich das Ladekabel zu Hause (und sind natürlich zu sparsam, unterwegs ein neues zu kaufen). Sie vergessen es anzustellen, sie vergessen es auszustellen, sie vergessen es bei uns. Die Bedienungsanleitung ist ihnen grundsätzlich zu lang, da fragen sie lieber mal ihre Kinder. Und wenn nach der ersten erfolgreich versandten SMS (»Grüße aus Heidelberg. Mama und Papa«) ein triumphierender Kontrollanruf folgt, ob die »E-Mail« auch angekommen sei, dann denken wir wehmütig an das mausgraue Standardmodell zurück.

Es gibt Ausnahmen, und die schlagen dann ins Gegenteil um: Johannes' Eltern wohnen zwar in einer beschaulichen süddeutschen Kleinstadt, aber ihr DSL-Anschluss führt sie auf die Überholspur der Datenautobahn. Nirgends gedeihen Technik-Fimmel besser als in der Provinz. Wenn Johannes sich ein neues Macintosh G3-Powerbook gekauft hat, stellt seine Mutter ihm Detailfragen, auf die er keine Antwort weiß, um dann nebenbei darauf hinzuweisen, dass ihr neuer Computer ja bereits der nächsten Baureihe entstammt. Das beachtliche Konvolut an Dateien, das sie auf dem Vorgängermodell angesammelt hatte, hat sie auf ein »Motherboard«, wie sie es nennt, gerettet und auf den neuen Computer übertragen. Was das für Daten sind, ist für Johannes ein absolutes Rätsel, denn seine Mutter ist Krankenschwester und hat weder Arbeit noch Vermögen zu verwalten. Shopping-Bummel bei eBay verbietet ihr die Sparsamkeit und Online-Flirts ihr katholischer Glaube. Ihr Sohn vermutet, sie sammle vor allem Informationen über die wiederum nächsten Generationen von PCs. »Das Wissen der Menschheit verdoppelt sich alle fünf Jahre, aber die Rechnerkapazitäten alle achtzehn Monate«, sagt seine Mutter mit apokalyptisch wirkender Lust am Fortschritt. Zur Entspannung hört sie abends mit ihrem Mann Musik, die sich die beiden illegal aus dem Internet heruntergeladen haben. Wenn Johannes sie besucht, fühlt er sich nach vierundzwanzig Stunden hoffnungslos von gestern.

Meistens sind es ja die Väter, die die Technik ins Haus holen. Ob Videorecorder, Faxgerät, CD-Player oder Computer – bei jeder ernst zu nehmenden Produkteinführung beginnen erhitzte Haushaltsdebatten. »Wir haben doch gerade erst vor sieben Jahren diese wahnsinnig teure elektronische Schreibmaschine von Brother gekauft. Die funktioniert doch prima«, lautet so ein typisches Mutter-Argument, als ginge es bei technischen Geräten um ihren Gebrauchswert. Zur Bekräftigung schreiben sie dann besonders flott und fehlerlos einen Brief ans Finanzamt. »Alles muss sich ändern, damit alles so bleibt, wie es war«, heißt es in Giuseppe Tomasi di Lampedusas Roman *Der Leopard* über die Vergeblichkeit, sich gegen den Fortschritt zu stemmen. Während unsere Leoparden-Mütter noch in die Schreibmaschine hämmern, haben sich unsere Väter schon auf den Weg in den Fachhandel gemacht.

Seit sich Barbaras Vater bei Aldi einen Computer gekauft hat, sind ihre Besuche nicht nur noch lieber gesehen, sondern auch in ihrem Ablauf auf die Minute genau vorhersagbar. Sobald eine winzige Gesprächspause entsteht, platzt ihr Vater mit einem kleinen Problem heraus, das er gerade mit seinem Word-Programm hat. Barbara kennt sich zu ihrem Leidwesen sehr gut mit Computern aus. Sie weiß genau, was dann auf sie zukommt. Die nächsten Stunden wird sie Ordnung in das Chaos bringen, das ihr Vater auf seinem Desktop angerichtet hat, während ihre Mutter regelmäßig reinkommt, Kaffee anbietet und ihren Mann informiert, dass der Kundendienst bei Aldi eben keinen allzu guten Ruf habe.

Wir sind in dieser Hinsicht geduldig mit unseren Eltern. Weil es kaum einen Bereich gibt, in dem sie so widerspruchslos unsere Überlegenheit anerkennen. Und weil das offensichtlich eine Generationenfrage ist. Denn als wir schon mit dem Gameboy spielten, fütterten unsere Väter noch Kaninchen.

Doch es ist nicht nur der Energiesparlevel, auf dem sich der Verstand im Alter einpegelt, der unsere Eltern vor dem Computer kapitulieren lässt. Es ist ihre in Fleisch und Blut übergegangene Angst vor dem technischen Fortschritt. Ihre Lehrmeister waren Stanley Kubrick, die saudi-arabischen Ölscheichs und eine Gruppe von pessimistischen Wissenschaftlern. In seinem Film *2001: Odyssee im Weltraum* zeigt Kubrick, wie Maschinen den Menschen das Denken und Fühlen abnehmen – und sie damit überflüssig machen. Der Deus ex Machina ist seitdem ein gefallener Engel.

Die Öl produzierenden Länder drehten nach dem Jom-Kippur-Krieg 1973 kurz und heftig an der Preisschraube: Auf einmal gab es autofreie Sonntage und Arbeitslosigkeit, und die Ahnung wurde zur Gewissheit, dass eine hoch technisierte Gesellschaft auch hochgradig abhängig und anfällig ist. Kurz zuvor erschien auch der Bericht des Club of Rome zur Lage der Menschheit, *Die Grenzen des Wachstums*, in dessen Folge der Umweltschutz zum Politikum wurde.

Die Begeisterung unserer Eltern für die Ökologie ist unterschiedlich interpretiert worden: als rationalisierte Romantik, als wissenschaftlich verbrämte Lust an der Apokalypse, als Welteroberungsdrang mit grünen Mitteln. Das erklärt auch, warum sie technische Innovationen stets mit Verzögerung angenommen haben. Doch wie so oft in ihrem skeptischen Leben haben sie sich als überaus lernfähig erwiesen. Von den Grasdächern und Hollandrädern ihrer mittleren Jahre wollen sie heute nichts mehr wissen.

Seit ihnen nämlich klar geworden ist, wie unterhaltsam das Internet auch für sie sein kann, ist ihnen aufgegangen, dass diese Form der Kommunikation enorme Mengen an Papier spart.

Und oft sind spät Bekehrte ja die eifrigsten Nutzer. In einem euphorischen Artikel über die Silver Surfer stellte die *Sunday Times* im vergangenen Jahr Internet-Junkies im Rentenalter vor: Die einen gründen mithilfe von Simulatoren-Software einen virtuellen Flugclub, eine andere Gruppe will unter der Adresse www.elderwisdomcircle.org ihre »über viertausend Jahre Lebenserfahrung« weitergeben. Die zweiundsiebzigjährige Leiterin eines Internet-Schachclubs, Zoe Ryle, ist täglich acht Stunden online: »Schon um neun Uhr morgens habe ich zwanzig E-Mails bekommen. Wir Oldies schlafen eben nicht mehr so lange.«

»Ich hätte mir für meine Tochter ja was Besseres gewünscht.«
Wie unsere Eltern unsere Hochzeit feiern

»Adri«, jubelte Björns Mutter zur Begrüßung und bohrte mir bei der stürmischen Umarmung ihre Perlenkette ins Schlüsselbein. »Wie schön, dass du kommen konntest. Gut siehst du aus. Es geht gleich los. Ihr bleibt doch über Nacht?« Schweißperlen standen ihr auf der Stirn, und fast schien es, als hätten sich darunter ein paar Tränen der Wiedersehensfreude gemischt. Dabei hatten wir uns nie näher gestanden, als man der Mutter eines Freundes eben nahe steht. Sie war hin und wieder in unserer Wohngemeinschaft gewesen, hatte uns Essen (Grönlandschrimps in Dosen, Milka-Schokolade, Vitamintabletten) mitgebracht, und ich hatte sie jedes Mal erfolgreich daran hindern können, den Abwasch zu machen. Björn hätte, wie die meisten Söhne, sicher nichts dagegen gehabt, aber ich fühle mich nackt, wenn ältere Frauen, mit denen ich nicht blutsverwandt bin, mit Spülhandschuhen in meiner Küche stehen.

Als Björn noch zu Hause wohnte, gab es fast immer aufgewärmte Lasagne, sein Lieblingsgericht. Und egal, ob wir uns im Badezimmer die Haare schwarz färbten oder in seinem mit Graffiti besprühten Zimmer Blue Curaçao tranken – die Mutter beherrschte die Kunst, ihren Sohn auf Händen zu tragen, ohne allzu genau hinzuschauen. Sie und ich hatten damals einen Nichtangriffspakt geschlossen, jetzt begrüßte sie mich wie den verlorenen Sohn. Aber wir trafen uns ja auch bei Björns Hochzeit.

Das ist der einzige Tag, an dem wir unseren Eltern praktisch alles verzeihen. Und das, obwohl sie wirklich zu explosiver Hochform auflaufen und ihre sonst sorgsam gebändigten Verlustängste hemmungslos ausleben. Jeder Einzelne von ihnen – Mutter, Vater, Schwiegermutter, Schwiegervater – ist tief im Inneren davon überzeugt, es an diesem Tag am allerschwersten zu haben. Und deshalb ist es für sie unerträglich, dass zwei andere Personen im Mittelpunkt stehen. Also inszenieren unsere Mütter dramatische Szenen um kurzfristige Versorgungsengpässe (»Auf den Tischen steht gar kein Mineralwasser!«), unsere Väter versuchen, als in sich ruhende Macher zu punkten (»So, jetzt gehen wir schon mal rüber…!«). Und wenn sie damit noch nicht genug Aufmerksamkeit auf sich gelenkt haben, wird einfach mal ein bisschen geweint.

Warum wir sie trotzdem zu unserer Hochzeit einladen? Weil sie die Einzigen sind, die sich über die Heirat womöglich noch mehr freuen als wir selbst. Und weil ihr irrationaler Aktionismus unserer Eheschließung historische Tiefe verleiht. Nicht selten bringen sie ihre neuen Partner mit, was die Sitzordnung deutlich verkompliziert und aufzeigt, dass jeder Bund fürs Leben sein mögliches Scheitern in sich trägt. Umso erstaunlicher muss es für sie sein, dass bei der Hochzeit ihrer Kinder von ewiger Treue die Rede ist und die Festlichkeiten bürgerlicher arrangiert sind als ihre eigenen vor etwa dreißig Jahren.

Vielleicht ist daran Linda de Mol schuld. In ihrer Anfang der Neunzigerjahre ausgestrahlten Sendung *Traumhochzeit* suggerierte sie, dass eine anständige Trauung heute die Choreografie und Dramaturgie einer Samstagabend-Show benötigt. Moralisches Unbehagen über die Inszenierung intimster Momente scheint altmodisch: Gerade weil wir glauben, dass wir uns nicht aus Konvention, sondern aus freien Stücken für die Ehe entscheiden, erlauben wir uns ein Schwelgen in der Tradition – in dem übrigens viel weniger Ironie mitschwingt, als wir uns gern einreden. Wir mieten Herrenhäuser auf dem Land, ordern Pferdekutschen, führen, obwohl eigentlich Atheisten, »tolle Gespräche« mit dem Pfarrer. Wir bestehen wider besseres Wissen darauf, dass in der Kirche gesungen wird, schreiben eigenhändig die Tischkärtchen, das Brautkleid ist selbstverständlich weiß, ihre Schuhe aus Paris. Und wenn er es immer noch nicht gelernt hat, surft er in letzter Minute zu www.hemdenbox.de, um unter virtueller Anleitung seine Krawatte zu binden. Unsere Eltern beobachten diesen Aufwand mit leichtem Argwohn: Schließlich ist ihnen schmerzhaft bewusst, dass sie die Rechnung bezahlen.

Immerhin bekommen sie für ihr Geld einiges geboten. Gerade bei der ersten Eheschließung machen wir oft den Fehler, die ganz alten Freunde einzuladen, die dann auch ordnungsgemäß ihre Rolle spielen. Sie haben ein Theaterstück einstudiert, kompromittierende Dias und Videos mitgebracht oder ein paar Lieder umgetextet, die sie vielstimmig vortragen. Meistens geht es dabei um Alkoholexzesse, verflossene Affären und andere Charakterschwächen des Brautpaares. »Davon wusste ich gar nichts!«, rufen unsere Eltern mit gedämpfter Empörung und beruhigen sich heimlich mit dem Gedanken, dass damit jetzt ja Schluss sei. Andere Probleme beschäftigen sie etwas länger: Wenn sie etwa erst in der Kirche erfahren, dass ihr Sohn den Familiennamen der Schwiegertochter annimmt. Oder eine Exfreundin des Sohnes auftaucht, mit der sich die Mutter beinahe mal geprügelt hätte. Oder ein alter, aber leider schon frühzeitig betrunkener Freund eine lange Rede hält, die immer sinnloser wird und die keiner auf elegante Art zu stoppen weiß.

Am liebsten hören sich die Väter selbst reden: über Jugendsünden und Kinderkrankheiten, Familiengeheimnisse und hochfliegende Pläne. Im Grunde machen sie also nichts anderes als die alten Freunde. Nur einfach viel besser. Die Anekdoten schürfen tiefer, die Zitate sind klüger, und hinterher ist sich die Braut nicht mehr hundertprozentig sicher, ob sie den richtigen Mann aus der Familie genommen hat.

Nach dem Walzer (früher: *An der schönen blauen Donau*, heute: *Walzer Nr. 2* aus der *Jazz-Suite Nr. 2* von Schostakowitsch) gehören die Eltern zu den eifrigsten Tänzern – und zu den letzten. Wie sie es schaffen, zum Brunch am nächsten Morgen trotzdem die Ersten zu sein, ist eine ihrer besonders rätselhaften Fähigkeiten.

Der Enthusiasmus, mit dem unsere Eltern unsere Hochzeiten begrüßen, ist nicht selbstverständlich: Schließlich hat ihre Generation kräftig an der Institution Ehe gerüttelt. Die

Scheidung, früher Anlass für nachbarschaftliche Ächtung und gesellschaftliche Empörung, ist zum Regelfall geworden – wenn überhaupt noch geheiratet wird. Die Skepsis gegenüber dem Lebensentwurf »Kleinfamilie« ist dabei sogar noch älter.

»Harmlose und doch lauernde Fragen, verschmitzte, doppeldeutige Antworten wechselten hin und her; keinem von beiden entging, daß der andere es an der letzten Aufrichtigkeit fehlen ließ, und so fühlten sich beide zu gelinder Rache aufgelegt«, heißt es in Arthur Schnitzlers *Traumnovelle* über die Eheleute Albertine und Fridolin, die sich über ihre Flirts bei einem Karnevalsball unterhalten. Schon 1926 (eigentlich schon bei Goethes *Wahlverwandtschaften*) war die Ehe also eine höchst fragile Konstruktion, die auf Zwängen einerseits, Unaufrichtigkeiten andererseits ruhte. Unsere Eltern schafften zumindest einige dieser Zwänge ab: Frauen konnten die Antibabypille nehmen und selbst ihren Lebensunterhalt verdienen. Damit, so glaubten sie, gab es eigentlich überhaupt keinen Grund mehr zu heiraten.

Der einstige Kommune-1-Bewohner Rainer Langhans hat noch heute für die »Paarbeziehung« nur milden Spott übrig. Die »Arbeit« an seinem »Harem«, wie er es nennt, war vor einiger Zeit in der Reality-Soap *Die Kommune* auf tv.Berlin und tv.München zu begutachten. Von der sympathischen Vorstellung, dass Liebe auch anders funktionieren kann als in der Gruppierung Mutter-Vater-Kind, ist dabei wenig übrig geblieben. Schon der Untertitel der Sendung *Fünf Frauen und ein Mann* klingt nach süffisanten Rechenkunststücken, und *Die Kommune* zeigt eigentlich nur, dass

Selbstbespiegelung wie Selbstzerfleischung süchtig machen. Und dass eine Frau der anderen Wölfin ist – vor allem, solange ein Mann nicht weit ist.

Viel näher an der Erfahrungswelt unserer Eltern sind die Realpolitiker Gerhard Schröder und Joschka Fischer. Immer wieder lassen sie sich scheiden, um möglichst schnell erneut zu heiraten. Beide leben den Zwiespalt zwischen dem Wunsch nach einer festen Partnerschaft und dem Drang nach Freiheit vollkommen ungebremst aus. Dieser Zwiespalt ist zwar nicht neu, aber er wird heute sogar einem Bundeskanzler verziehen.

In den Freundeskreisen unserer Eltern ist neben der recht konventionellen »seriellen Monogamie« so ziemlich jedes weitere »Partnerschaftsmodell« erprobt worden: die jahrelange Geliebte (mit Einverständnis der Ehefrau), der jahrelange Liebhaber (ohne Kenntnis des Ehemannes), der gelegentliche Seitensprung mit tränenreicher Buße, die »offene« Beziehung, der Wechsel zum gleichen Geschlecht, die platonische Ehe. »Wir sind die Einzigen in unserem Bekanntenkreis, die noch zusammenleben«, hören wir nicht selten. Und es klingt fast so etwas wie Scham durch: Die treuen Seelen fühlen sich in schwachen Momenten wie Verräter an den Idealen ihrer Generation. Oft wissen sie selbst nicht genau, warum sie dem einmal eingeschlagenen Weg stur gefolgt sind. Aber unsere Hochzeit gibt ihnen das Gefühl, dass es vielleicht doch der richtige war. Ein Konflikt, den sie hemmungslos an die eigenen Kinder weitergeben.

Nie waren Schwiegereltern anstrengender als heute: Sie reiben uns unsere Probleme unter die Nase. Und ihre eigenen gleich mit. Weil die Frage, wie viel Selbstständigkeit, wie viel Monogamie, wie viel Bürgerlichkeit ein Leben verträgt, von unseren Eltern aufgeworfen, aber letztlich nicht gelöst wurde, können wir es ihnen einfach nicht recht machen. Wenn der Mann zu Hause bleibt, sind sie skeptisch. Wenn die Frau zu Hause bleibt, finden sie uns altmodisch. Und wenn wir auf die Idee kommen, uns »auf Zeit« zu trennen oder unsere Partnerschaft »anders zu definieren«, dann winken sie ab. Die einen haben das schon immer für Flausen gehalten, die anderen lecken noch immer ihre Wunden.

Was besonders lästig ist: Bei auftretenden Problemen verwandeln sich unsere Eltern, die vor ein paar Jahren noch tränenfeucht in der ersten Reihe der Kirchenbänke saßen, in abgebrühte Besserwisser, die es schon von Anfang an geahnt haben wollen. Denn nur wenige sind so ehrlich wie Björns Schwiegervater, der dem Trauzeugen zu etwas späterer Stunde gestand: »Ich hätte mir für meine Tochter ja was Besseres gewünscht.«

»Eigentlich müsste er in dem Alter doch schon laufen können.«
Wie unsere Eltern unsere Kinder erziehen

Auf eines hatte Barbara immer geachtet: Sie wollte ihre Tochter nicht zum Püppchen im rosa Kleid erziehen, das sich von den Jungs die Schaufel wegnehmen lässt. Hübsch? Ja. Eitel? Gern. Aber bitte keine Tussi! So lässt sich ihr pädagogisches Konzept umreißen. Deswegen hatte Nico, so heißt ihre Tochter, bis zum dritten Lebensjahr nur Hosen angehabt. Und zwar möglichst in Hellblau. Sicher ist sicher.

Einen hellblauen Hosenanzug trug Nico auch, als Barbara sie für eine ganze Woche zur Schwiegermutter brachte. Sie kompensierte ihr Unwohlsein, indem sie ihrer Tochter alle Lieblingsklamotten, Lieblingsbücher, Lieblingskuscheltiere und ihr Lieblingsspielzeug mitgab – und obendrauf, vielleicht am wichtigsten, einen Haufen guter Ratschläge für die Oma. Was Nico wann am liebsten esse, wie sie durchschlafe, wann die Wiederholung der *Sendung mit der Maus* laufe. Schon während sie ihre lebenswichtige Pflegeanleitung verkündete, hatte Barbara den Eindruck, ihre Schwiegermutter höre nicht aufmerksam genug zu. Und als sie nach einem Abschied, bei dem wirklich nur sie selbst mit den Tränen kämpfen musste, beim Wegfahren merkte, dass Nico ihren Harry-Potter-Zauberstab auf dem Rücksitz liegen gelassen hatte, machte sie noch einmal kehrt, rannte die Treppen hoch, drängte an ihrer Schwiegermutter vorbei, um ihrer Tochter den Zauberstab zu geben. Nico saß im Ohrensessel, in einem wunderschönen rosa Spitzenkleidchen und mit einem ziemlich verdutzten Gesicht. Und die schuldbewusste Oma sagte: »Sie sieht doch aus wie eine kleine Prinzessin.«

Was die Erziehung unserer Kinder betrifft, haben unsere Eltern ein ganz strenges Prinzip: Sie mischen sich nicht ein. Nie. Es sei denn, wir machen wirklich gravierende Fehler. Und das ist in ihren Augen fast immer der Fall. Schon während der Schwangerschaft gilt: Nicht nur das ungeborene Kind raucht jede Zigarette mit, auch die Großeltern leiden unter den Schadstoffen. Mit jedem Schluck Wein muss die Schwangere auch missbilligende Blicke herunterschlucken. Die werdenden Großväter fordern von ihren Söhnen so viel Anteilnahme an der Schwangerschaft, als hätten sie selbst damals für neun Monate ihre Karriere an den Nagel gehängt, um zur Geburtsvorbereitungsgymnastik zu gehen. Und die werdenden Großmütter zeigen sich als Virtuosinnen des Widerspruchs: Ist die Geburt in einer gut ausgestatteten Klinik angemeldet, jammern sie über deren Kälte und Sterilität. Bei einer häuslichen Hebammengeburt malen sie die schlimmsten Komplikationen an die Wand. Am sichersten wäre es ihrer Meinung nach, wenn sie selbst das Kind austragen und zur Welt bringen könnten. Dann würde es bestimmt auch nicht drei Wochen zu früh kommen, mit bedenklichem Untergewicht und irgendwie depressivem Gesichtsausdruck.

Es geschieht uns ja ganz recht: In unserem gut trainierten Egoismus hatten wir jahrelang gezaudert, ob wir überhaupt Kinder wollen und wenn ja, mit wem. Das sehnsüchtige Warten unserer Eltern hing uns im Nacken, egal, für welche Variante des Wartens sie sich entschieden. Die ostentative Schwärmerei von den Kindern anderer Leute: »Nepomuk, der Kleine von den Jacobis, geht jetzt in einen zweisprachigen Kindergarten.« Das offensive Einfordern eines Stammhalters: »Mit dir stirbt ja unser Familienname endgültig aus.« Oder, besonders gefürchtet, das stille Dulden, das gerade allein stehende Väter und Mütter perfekt beherrschten. Sie sagten nichts, forderten noch weniger, aber erzeugten den Eindruck von Einsamkeit und Lebensferne. Derartiges Schweigen kann ohrenbetäubend sein.

Da Eltern grundsätzlich zu dick auftragen, war unsere Abwehr auch nicht zimperlich: Wir gaben ihnen immer wieder zu verstehen, dass ihr Enkelwunsch nicht unser Problem war.

War der Schwangerschaftstest dann doch einmal positiv, bedeutete das bei aller Freude auch, dass unsere Eltern letzten Endes doch ihren Willen bekommen haben.

»Glaubt bloß nicht, dass wir für euch den Babysitter spielen«, war dann der spontane Glückwunsch, als Johannes' Eltern hörten, dass er Vater wird. Sie haben selbst vier Kinder großgezogen, und bei aller Freude wollten sie zunächst einmal klarstellen: Jetzt sind sie selbst mit leben dran. Enkel werden zwar heiß herbeigesehnt, aber sie sollen bitte nicht das Großelterndasein beeinträchtigen. Die Tage, in denen die Oma und der Opa am Kachelofen dahindämmerten und jederzeit verfügbar waren, sind vorbei. Fast scheint es, als genössen sie es, wenn sie mit größtem Bedauern erklären, dass sie schon lange einen Kurztrip nach Dresden geplant haben. Oder mit Nachdruck darauf bestehen, dass wir die Enkel bis fünf Uhr nachmittags abgeholt haben, weil sie fürs Kino verabredet sind. Die Schwiegereltern von Björn gingen einmal so weit, ihre Enkel in der Adventszeit für eine Woche in ihr Haus in Marbella einfliegen zu lassen. Sie hatten einen wahnsinnig vollen Terminkalender, fuhren Weihnachten in die Karibik, und ein anderes »Zeitfenster« hatte die Sekretärin, die auch nach seiner offiziellen Pensionierung noch halbtags für den Vater arbeitete, einfach nicht ausmachen können.

Doch wenn wir uns auf diese Geschäftsbedingungen einlassen, sind Eltern nach wie vor die bereitwilligsten und liebevollsten Babysitter. Eine bessere Gelegenheit könnte sich für sie schließlich nicht bieten, die Enkel anständig zu erziehen.

Auch wenn sie uns aus taktischen Gründen Zeitnot vorspielen, so haben unsere Eltern uns bei der Eroberung und Formung von Kinderherzen zwei Dinge voraus: Erfahrung und Muße. Wir sind ja froh, wenn wir zwischen Freelance Job und Dinner Party fertige Hähnchenschenkel aus dem Kühlregal in die Mikrowelle schieben können, unsere Mütter hingegen backen in aller Seelenruhe einen Kuchen, während das Enkelkind in der Küche sitzt und malt. Und der Großvater kommt nicht abends nach einem Dreizehnstundentag nach Hause, sondern sitzt unheimlich beschäftigt in seinem Arbeitszimmer, bis ihn endlich jemand »stört«, um mit ihm durchs Haus zu toben. Dabei bleiben sie beneidenswert entspannt – im Gegensatz zu uns. In dem Bemühen, alles richtig zu machen, achten wir nicht nur peinlich genau darauf, dass unsere Kinder nichts Falsches in den Mund nehmen, keine Schaufel auf den Kopf gehauen bekommen, ihre Schlafenszeiten einhalten. Auch wenn wir es nur ungern zugeben: Wir neigen zur Hysterie. Jede Hautrötung lässt uns Neurodermitis befürchten, jeder Heulkrampf könnte zum Trauma werden, jeder Streit unter Kleinkindern zur Beziehungsstörung im Erwachsenenalter. Und das Schlimmste: Wir fühlen uns den eigenen Eltern unterlegen. Die Unfälle, die Krankheiten, die »problematischen Phasen«, die wir mit unseren Kindern erleben, haben sie mit uns schon mehrfach durchgemacht. Sie sind Krisenroutiniers und bleiben schon im eigenen Interesse cool: Die Gunst der Enkel ist schließlich ein hart umkämpftes Gut.

Deswegen finden sie sich auch mit erstaunlicher Gewandtheit in deren Mythen- und Warenwelt ein. Sie studieren die Artenvielfalt der Pokémons und die Schulordnung am Hogwarts-Internat von Harry Potter, merken sich die lateinischen Namen von Dinosauriern und die Projekte von Bob, dem Baumeister. Natürlich probieren sie, ihre Enkel mit alten Büchern und Figuren zu locken (mit Pu dem Bären, der kleinen Hexe und der Tigerente), doch sie haben gelernt, ihre Kräfte nicht in aussichtslosen kulturellen Kreuzzügen zu verschleißen: Die Konkurrenz schläft schließlich nicht.

Die Konkurrenz, das sind die anderen Großeltern. An der Oberfläche kommen sie wunderbar miteinander klar. Aus reiner Sympathie und Rücksichtnahme sind unsere Eltern jederzeit bereit, den jeweils anderen die lästige Pflicht des Enkelhütens abzunehmen. Da dieses Manöver selten erfolgreich ist, wird auf beiden Seiten genau berechnet, wie viel Zeit die Enkel bei welcher Familie verbringen. Und wenn es da ein Missverhältnis oder eine offensichtliche Bevorzugung gibt, dann ist die Luft plötzlich zum Schneiden. »Wir haben das Gefühl, unsere Enkel werden uns vorenthalten. Hat dein Mann ein Problem mit uns?«, lautet eine der heikelsten Fragen, die Eltern ihrer Tochter stellen können. Sollte ihr an ihrer Familie irgendetwas liegen, ist ihr Handlungsspielraum in dieser Situation äußerst gering. »Überhaupt nicht«, muss sie beteuern. Und künftig die Besuchszeiten noch genauer abstoppen.

Mindestens ebenso heikel sind Geburtstage, an denen sich alle vier Großeltern zähneknirschend einen Enkel teilen müssen. Bis auf die zweite Stelle hinter dem Komma können unsere Eltern sagen, was die anderen für Geschenke ausgegeben haben. Und sie sind natürlich fest davon überzeugt, dass das Playmobil-Piratenschiff zu spät, das Mountainbike zu früh kommt und dass Computerspiele grundsätzlich falsch sind. Außerdem ist das natürlich alles viel zu viel, das Kind kann all das gar nicht »verarbeiten«.

Doch Kinder haben bekanntlich ihre eigene Art, einen Berg von Geschenken zu verkraften: Einen Großteil packen sie aus und legen ihn achtlos beiseite, und ihre Favoriten geben sie nicht mehr aus der Hand. Ein Großvater, der den richtigen Riecher hatte, ist dann mindestens so glücklich wie der Beschenkte. Offiziell geht es ihm nur um das strahlende Lachen seines Enkels. Doch insgeheim schwingt auch ein klitzekleiner Triumph mit, die anderen mal wieder ausgestochen zu haben.

Ein derartiges Buhlen muss die Kinder doch belasten, denken wir zunächst. Bis wir feststellen, dass sie dieses Spiel durchschauen – und genießen. Die süßen Unschuldslämmer wissen natürlich ganz genau, wie sie Sympathie dosieren müssen. Noch bevor sie laufen können, spielen sie Eltern und Großeltern gegeneinander aus. Mal kuscheln sie sich an Oma, dann quietschen sie vergnügt mit Opa, dann fordern sie: »Mama, Arm.«

Wenn sie endlich im Bett liegen, klopfen sich unsere Eltern den Staub von der Hose und gucken, als seien wir daran schuld, dass sie sich stundenlang am Boden gewälzt haben. Und dann kommen die Sorgen zur Sprache: Isst er auch zu Hause praktisch nur Süßes? Kann sie sich im Kindergarten so schlecht konzentrieren wie bei der *Bibi-Blocksberg*-DVD? Und überhaupt – eigentlich müsste er in dem Alter doch schon laufen können. Die Sorgen unserer Eltern um ihre Enkel sind ebenso grenzenlos wie fantasievoll. Und sie gehen ganz selbstverständlich davon aus, dass unsere Kinder nicht zwei, sondern sechs Erziehungsberechtigte haben.

Nach ein paar fruchtlosen Streiten geben wir uns scheinbar geschlagen: Sollen sie doch ihren Willen kriegen und miterziehen. Dann überlassen wir ihnen ihre Enkel auch für ein Wochenende. Für uns sind das die erholsamsten Tage im Jahr, für die anderen Parteien ist es eine heilsame

Erfahrung. Da werden die alten Schalmützen herausgeholt (die schon wir damals gehasst haben), damit die Enkel endlich mal warm genug angezogen sind. Da wird das Computerspiel ausgestellt, weil wir doch auch immer so schön mit den alten Holzbauklötzen gespielt haben. Da wird ein aufwändiger Obstsalat geschnippelt, obwohl die Enkel nach »Nudeln ohne was« verlangen.

Die wenigsten von ihnen geben es zu. Aber hinterher sind unsere Eltern ganz froh, ihre Enkel wieder loszuwerden. Und das beste Mittel, ihren pädagogischen Eifer auszubremsen, haben ohnehin die Kinder. Ein lässiges »Ich will nicht zu Oma und Opa« weckt eine ganz erstaunliche Toleranz und Zurückhaltung. Man muss sagen: Beim Umgang mit unseren schwer erziehbaren Eltern sind unsere Kinder eine große Hilfe.

»Meine dreißig Jahre alten Jeans passen mir noch.«
Wie unsere Eltern für immer jung bleiben

Wollte man eine Nebensächlichkeit benennen, die belegt, um wie viel lässiger und moderner unsere Eltern sind als ihre Vorgänger, so könnten dies die Haare der Väter sein. Sie waren zugleich experimentierfreudiger und schnitten alte Zöpfe ab. Bärte gab es in jeder erdenklichen Variation: von dem bis zur Fusseligkeit gewachsenen Naturbart (wie Wolfgang Thierse sah die Hälfte unserer Lehrer aus) bis zur protestantischen Friesenkrause (für Kenner wie den SPD-Politiker Klaus Matthiesen). Auch Schnurrbärte spielten eine Zeit lang eine nicht zu unterschätzende Rolle, doch nur Charakterköpfe wie Jürgen W. Möllemann oder Jürgen Trittin trugen sie unbeirrt, auch nachdem sie allzu eindeutig zum Markenzeichen wertkonservativer Homosexueller geworden waren. Und nicht zu vergessen die Koteletten, die in ihren besten Zeiten selbst bei Vätern mit bürgerlichem Lebenswandel die Größe und Dicke eines kleinen Schnitzels erreichten. Beim Haupthaar kam es eigentlich nur auf die Länge an. Der ausrasierte Nacken als Sinnbild des Adenauer-Miefs, wenn nicht sogar des Nationalsozialismus, war tabu, Haare hatten mindestens auf den

Kragen aufzustoßen. Und bei Männern in »selbstbestimmten« Berufen war ihrem Wachstum keine Grenze gesetzt. Nur die biologische. Zur Herausforderung wird der Männerschädel ja erst, wenn er nicht mehr gleichmäßig bewachsen ist. Da kann die Vulgärmedizin noch so sehr auf den besonders hohen Testosteronspiegel verweisen, der den Haarausfall verursacht – es ist und bleibt die erste Alterserscheinung, die ein Mann bei sich selbst zu erkennen in der Lage und leider auch gezwungen ist. Wie heute unsere Väter damit umgehen? Sie schneiden die Haare kurz und lassen die Platte wachsen. Manche rasieren sich auch den Schädel. Was aber wirklich keiner mehr macht, hat früher das Straßenbild in Deutschland auf unheilvolle Weise geprägt: die immer spärlicher werdenden Haare mithilfe von Brillantine über die kahlen Stellen kämmen. Allein für diesen Fortschritt haben sich die gesellschaftlichen Umwälzungen gelohnt. Mag sein, dass unsere Kultur von der Jugend besessen ist. Wenigstens aber hat sie die würdeloseste Form, Verfall zu kaschieren, inzwischen verworfen. Was nicht heißt, dass Altern kein Problem mehr ist.

»Was soll der Mann, der darauf dressiert wurde, nur süße, kleine Mädchen schön, liebenswert und hilfsbedürftig zu finden, mit einer erwachsenen Frau anfangen?«, fragte Esther Vilar 1971 in ihrem Bestseller *Der dressierte Mann* und lästerte über Geschlechtsgenossinnen, die in die Jahre kommen. »Was soll er anfangen mit einer Frau, deren glatte, feste Rundungen zu schwabbeligen Fettklumpen unter einer schlaffen, weißen Hautdecke geworden sind?

Deren Stimme nicht mehr kindlich klingt, sondern schrill? Deren Lachen nicht mehr spontan und fröhlich ist, sondern stoßweise und wiehernd? Mit einer Schreckschraube, deren abstoßend dummes Geschwätz jetzt, da es nicht mehr aus Kindermund kommt, an seinen Nerven zerrt und in deren Gesicht die vielen überraschten Ahs und Ohs immer seltener den Ausdruck naiven Erstaunens hervorzaubern und immer häufiger den des Schwachsinns? Keinerlei erotische Wunschträume wird die kindische Mumie jemals wieder entzünden.«

Auch wenn ihre Polemik über das merkantile Verhältnis zwischen Männern und Frauen noch heute überraschend viel Gültiges enthält, war doch Vilars Zerrbild der älter werdenden Frau schon damals fragwürdig. Heute ist es komplett überholt. Wenn sie es nur wollen, sind unsere Mütter noch mit sechzig »unlimited girls«, wie sie Peer Augustinski in seiner TV-Show *Mann-O-Mann* nannte: Frauen mit ein paar Falten – und mit Selbstbewusstsein und Sexappeal. Ihre Altersgenossinnen machen es ihnen ja vor. Hannelore Hoger gibt regelmäßig Interviews, wie »okay« es sei, mit einem Jahrzehnte jüngeren Pianisten liiert zu sein. Sabine Christiansen hat einen Zustand der körperlichen Entrückung erreicht, in dem sie äußerlich unverändert noch weitere dreißig Jahre moderieren kann. Und bei Iris Berben haben Beobachter selbst beim schlechtesten Willen noch keinerlei Fettklumpen unter der weißen Hautdecke entdecken können.

Allerdings unterscheiden unsere Mütter mit typisch weiblicher Erbarmungslosigkeit genau zwischen »gut gehalten« und »gut gemacht«. Wenn sich die verdächtig jung gebliebene Ornella Muti mit ihrer Tochter Naike fotografieren lässt (oder Renate Thyssen-Henne mit ihrer Tochter, der Begum), dann verspüren sie eher Mitleid als Neid. Eine Mutter, die wie die Schwester ihrer eigenen Tochter aussehen will – das klingt wie eine RTL-II-Variante des Ödipusdramas.

Im Hinblick auf Schönheitsoperationen stemmen sich unsere Mütter mit einem beinahe altmodischen Selbstwertgefühl gegen den Zeitgeist. »Teile von ihr sind fünfzig Jahre alt«, heißt es über Goldie Hawn in der Komödie *Der Club der Teufelinnen*, in dem sie sich so viel Silikon in den Schmollmund injizieren lässt, dass sie nicht einmal mehr eine Zigarette zwischen den taub gewordenen Lippen halten kann. Schon jetzt berichten Boulevardmagazine, Zeitschriften und Fernsehreportagen ununterbrochen über die Volkssportarten Absaugen, Aufspritzen, Veröden, Straffen. Und wäre die Stimmung unter Medienschaffenden etwas optimistischer, gäbe es schon lange den Sender OP-TV, in dem Mädchen ab vierzehn über die psychischen Qualen einer zu spitzen Nase oder eines zu flachen Busens klagen und dann den heiß ersehnten Eingriff vornehmen lassen. Die junge Mutti kommt mit, hält Händchen – und lässt, weil es so praktisch ist, vielleicht schnell ein paar »Reiterhosen« absaugen.

Unsere eigenen Mütter sind noch einmal davongekommen. Sie sind dafür ein paar Jahre zu alt und vor allem zu stark einem humanistischen Begriff von Authentizität verpflichtet. »Ich will so bleiben, wie ich bin«, flötete früher eine fohlenbeinige Brünette in einem Werbespot, worauf ein Sirenenchor hauchte: »Du darfst.« Unsere Mütter glauben unbeirrt, dass »Ich« ihr eigen Fleisch und Blut ist statt eines Idealbildes aus Silikonkissen, unterspritzten Botoxdepots und vernarbter Haut. Und wer gelegentlich auf den Terrassen südfranzösischer Restaurants die faltenfreien, aber auch starren Gesichter amerikanischer Witwen erblickt, der ist richtiggehend dankbar, dass die eigene Mutter beim Lächeln nicht nur einfach die Zähne bleckt.

Aber auch ein naturidentisches »Ich« will gestreichelt, gepflegt und gesalbt werden. Unsere Mütter sind mit uns durch das Stahlgewitter der Kinderkrankheiten, Allergien und Spielplatzunfälle gegangen. In Krisenfällen waren sie Krankenschwestern, im Alltag Expertinnen in der Kunst, Wohlbefinden zu produzieren. Sie haben die Wellness erfunden, lange bevor sie so hieß. Jetzt profitieren sie selbst davon. »Ab und zu verwöhne ich mich mit einem Kamillebad (...). Wenn ich dieses Bad nehme, eine Gesichtsmaske auflege, dann weiß meine Familie, daß das Bad für eine Stunde restricted area ist.« So persifliert Benjamin von Stuckrad-Barre in seinem in *Blackbox* veröffentlichten Text *Soundfiles* die Floskeln, mit denen Schauspielerinnen in Interviews von den »einfachen« Freuden schwärmen, die für sie »der wahre Luxus« sind. Diese Klischees müssen ihnen ihre PR-Agenten eingetrichtert haben, weil sie genau auf die Bedürfnisse der Zielgruppe abgestimmt sind. Oder sie blubbern ganz von allein aus ihnen heraus. Denn vor einem sanft duftenden Schaumbad sind alle Frauen gleich.

Der Rest allerdings ist harte Arbeit. Was Körperertüchtigung betrifft, kann es unseren Müttern gar nicht anspruchsvoll genug sein: Aerobic, Pilates, Feldenkrais. Jedes vergessen geglaubte Naturheilverfahren, jede neu entwickelte Massage aus Asien oder Gymnastik aus Kalifornien wird eingehend diskutiert und ausprobiert. Die Vorturnerin war Anfang der Achtziger nicht zufällig Jane Fonda. Ihre Karriere als Schauspielerin stockte (man weiß ja: eine Frau ab vierzig in Hollywood ...), sie sattelte um und wurde Aerobic-Trainerin: Als Feministin konnte sie besonders überzeugend argumentieren, dass es beim Kampf gegen die Kilos nicht um die Gunst der Männer, sondern vor allem ums eigene Selbstwertgefühl gehe. Den Milliardär Ted Turner kriegte sie trotzdem.

»Ich habe ein ganz neues Gespür für meinen Körper«, schwärmen unsere Mütter über jeden neuen Fitnesstrend. Zuweilen lässt ihre Begeisterungsfähigkeit sie wie Sektenjüngerinnen klingen, die die allein selig machende Therapie gefunden haben. Bis sie eine andere ausprobieren, die sie noch glücklicher macht, und dann noch eine und noch eine. Außerdem entwickelt jede Mutter parallel dazu ihr eigenes Trainingsprogramm, wobei die Grenzen zwischen »ganz individueller« Glücksformel und schleichender Schrulligkeit fließend sind. Die eine erledigt den Weg zur pflegebedürftigen Mutter in Joggingschuhen und steht dann verschwitzt im Altersheim, die andere weigert sich einfach, einen elektrischen Rasenmäher zu kaufen oder einen Gärtner anzuheuern, die nächste tanzt nach dem Mittagessen zu den Heavy-Metal-Platten, die ihr ältester Sohn bei seinem Auszug zurückgelassen hat. Dieses Suchverfahren mag für Außenstehende sprunghaft wirken, doch wahre Hingabe kennt keine Peinlichkeit.

Und die gute alte Kur, früher Synonym für Volksgesundheit, soziale Gerechtigkeit und Seitensprünge im fortgeschrittenen Alter? Kaum vorstellbar, dass unsere Eltern mit einer Rentnerladung nach Ischia geschifft werden, um da ihre steifen Gelenke zu baden. Und nach Baden-Baden fährt nur, wer Kontakte zur dortigen russischen Gemeinde vorweisen kann oder ein Freund des Festspielhauses ist. Es gibt sie noch, die Kur, aber sie hat Namen und Gesicht geändert. Die es sich leisten können, lassen sich in der Ayurveda-Klinik Waldschlösschen bei Traben-Trarbach an der Mosel verwöhnen, wo man Managern gelöste Butter in den Darm einflößt. Oder sie besuchen das schicke Thermalbad, das der Stararchitekt Peter Zumthor in dem Schweizer Bergdörfchen Vals gebaut hat, wo das Wasser genauso warm ist wie auf Ischia und wo man sich zugleich in einem Meditationsraum Klangsteinsymphonien hingeben kann.

Doch wo und wie meditieren die Männer? Der Urglaube, dass männliche Attraktivität vor allem aus unwiderstehlichem Charme und einer prall gefüllten Brieftasche besteht, kam in den vergangenen Jahrzehnten ins Wanken. Schon Anfang der Siebziger warb der französische Modedesigner Yves Saint Laurent für sein Label mit seiner bloßen Haut. Daraufhin sollten sich nicht mehr nur Frauen über die Beschaffenheit ihres Körpers definieren. Wer heute zwanzigjährige Fußballspieler, Popstars, Schauspieler – also die ästhetischen Leitbildproduzenten – betrachtet, sieht nichts als perfekt definierte Muskelpakete. Auch an den älteren Idolen ist der Fitnesszwang nicht spurlos vorbeigegangen.

Als Götz George im vergangenen Sommer bei Reinhold Beckmann über seinen 65. Geburtstag plaudern durfte, sah man einen braun gebrannten, kraftstrotzenden Kerl. Bei den Stunts merke man das Alter ein bisschen, kokettierte der Schauspieler, aber was er eigentlich sagen wollte, war: Man sieht es mir nicht an.

Unsere Väter wurden noch in der Zuversicht erzogen, ein Männerkörper sei sowieso schön. Doch diese Zuversicht scheint ihnen abhanden gekommen zu sein. Heute quälen sie sich zum Morgenlauf in den Park, schwimmen eisern ihre zwei Kilometer oder gehen sogar ins Fitnessstudio. »Natürlich nur wegen der Bandscheibe«, betonen sie selbst dann noch, wenn Bizeps und Bauchmuskeln schon sichtbar gewachsen sind. Denn schon lange geht es beim Sport nicht mehr ums Dabeisein: Schön sein ist alles.

Das war nicht immer so. Ursprünglich vermittelten unsere Eltern uns ein durchaus rustikales Verständnis von Leibesertüchtigung. Wenn wir mit unserem Papa Fußball spielten oder den Trimm-dich-Pfad abliefen – hier einen Klimmzug einschoben, dort einen Slalom absolvierten –, ging es nicht um die Verbesserung des eigenen Body-Mass-Index, sondern ums Schweißvergießen im Familienverband. Und als Mitglieder ihres Tennis- oder Hockeyvereins begrüßten unsere Eltern vor allem die soziale Komponente des Sports. Jeden Samstag lüpften die Mütter die Bälle übers Netz, legten beim Seitenwechsel eine Plauderpause ein und regten sich über ihre Männer auf, die auf dem Nachbarplatz um jeden Ball feilschten, fluchten, wenn der Lob im Aus landete, und überhaupt das Spiel viel zu ernst nahmen. Sie lästerten über den Platzwart und den schlechten Kartoffelsalat im Vereinsheim und gingen dann doch wieder zum Sommerfest. So knüpften unsere Eltern Freundschaften, Animositäten und Kontakte. Sie zeigten, dass sie sich den Mitgliedsbeitrag (und die immensen Folgekosten) leisten konnten und trafen andere Gleichgestellte. Außerdem waren sportliche Betätigungen auch eine willkommene Entschuldigung, ohne allzu schlechtes Gewissen große Mengen Bier zu trinken. Outfits und Bewegungsabläufe änderten sich: Nach Kegeln kam Tennis kam Golf. Immer ging es beim Freizeitsport auch um soziale Abgrenzung und Zugehörigkeit.

»Sport ist im Verein erst schön« lautete bis vor wenigen Jahren die Werbung des Deutschen Sportbundes. Heute klingt das wie ein naiver Spruch aus einer versunkenen Epoche, wenn wir in unserem Lifestyle-Club auf die endlosen Spiegelwände starren. Und wenn wir die vielen Männer mit den grauen Haaren auf den benachbarten Laufbändern keuchen sehen, dann wissen wir: Es ist die einzige Sucht, mit der wir unsere Eltern angesteckt haben.

Warum machen sie sich die ganze Arbeit? Für sich selbst. Und das heißt: für alle Fälle. Unsere Eltern wissen, wie zerbrechlich Beziehungen, wie trügerisch Gewissheiten heute sind. Und da das Leben ein Marktplatz und jeder sein eigenes Premiumprodukt ist, achten sie darauf, nicht vorzeitig zu verderben. »Meine dreißig Jahre alten Jeans passen mir noch«, prahlt Wolfgang Joop in Interviews. So weit müssen wir es erst mal bringen.

»Von so einem Leben auf Ibiza habe ich immer geträumt.«
Wie unsere Eltern neue Familien gründen

»Matula, zieh dein Ding durch«, forderte *Bild*, als Claus Theo Gärtner seine neue, sechsunddreißig Jahre jüngere Freundin auf das gesellschaftliche Parkett, also vor die Kameras der deutschen People-Presse, geführt hatte. »Das war Applaus von der falschen Seite«, kokettierte der kernige Privatdetektivdarsteller (*Ein Fall für zwei*) in einem Interview: »Ein Sechzigjähriger und eine Vierundzwanzigjährige. Das polarisiert.« Was Gärtner voller Beutestolz für polarisierend hält, ist der biologische und gesellschaftliche Regelfall: Solange sie können, suchen sich Männer jüngere Frauen.

Und was ein Schauspieler vom Range Gärtners kann, können unsere Väter schon lange: die Familie verlassen, noch mal neu anfangen, dem ganzen alten Trott entkommen – um blitzschnell im neuen Trott zu landen. Was haben unsere Väter nicht alles auf sich genommen, um einem neuen Glück nachzujagen: Der eine legt sich ein Landhaus in Mecklenburg-Vorpommern zu, damit seine neue Frau nicht zu fern der polnischen Heimat wohnen muss. Der Nächste verkauft seine geliebte Violine, weil die Stiefkinder Musik hassen. Und wieder ein anderer macht sich zum Gespött seiner alten Freunde, weil er seine junge Geliebte jeden Samstag mit ins Fußballstadion nimmt. Die frisch verliebten Männer tragen Schuhe von Miu Miu, trinken Flaschenbier in Szenekneipen, »ziehen sich« *Reservoir Dogs* von Quentin Tarantino »rein« (und verfehlen dabei haarscharf den gesuchten Jargon). Man darf wohl sagen: Es ist alles wie in Literatur und Film, nur noch schlimmer.

Der Homo faber von heute verkleidet sich als Homeboy – was man als stinknormale Midlife-Crisis abtun könnte, wenn es nicht mit der Bereitschaft verbunden wäre, das Leben radikal und nachhaltig zu ändern. Als Beobachter und Kind ertappt man sich bei einem etwas sauertöpfischen Gedanken: Wenn sie das gleiche Maß an Entgegenkommen und Hingabe gegenüber unseren Müttern gezeigt hätten, dann wären die beiden wahrscheinlich immer noch glücklich verheiratet.

Was uns immer ein wenig rätselhaft erschienen ist: wie sich die beiden überhaupt ineinander verliebt haben. Im alltäglichen Umgang unserer Eltern gibt es nur wenige Hinweise darauf, warum ausgerechnet sie ein Paar geworden sind. Im Gegenteil. Sie schweigen aneinander vorbei, sie bohren in ihren kleinen Schwächen herum, sie pflegen einen grundsätzlich gereizten Ton miteinander. Nicht selten ziehen sie uns in dieses empfindliche Gleichgewicht hinein. »Eure Mutter möchte das nicht« lautet die vielleicht perfideste Begründung, die unsere Väter für ein Verbot parat haben: Sie ist zugleich Bankrottgeständnis, Einschmeichelei bei den Kindern und Entliebeserklärung an die eigene

Frau. Doublebind nennen amerikanische Psychologen diese Art von Kriegsführung: das eine sagen – und mindestens noch ein bis zwei weitere Dinge damit meinen.

Aber es gibt auch die Momente, in denen wir schlagartig fühlen, dass unsere Eltern irgendwann mal miteinander kicherten und kuschelten und füreinander nicht nur Partner waren, sondern auch ein bisschen Irrsinn empfanden.

Manchmal reicht schon die Schilderung des letzten Besuchs bei den Enkeln, wenn unsere Mutter von den Faxen, die ihr Mann mit den Kindern gemacht hat, erzählt. Ihre Stimme hat dann diesen So-verrückt-war-er-schon-immer-Schmelz. Oder das ungewohnte Strahlen im Gesicht unserer Väter, wenn unsere Mütter mal ein bisschen mehr Lippenstift auftragen als üblich. Und genau so, wie sich langjährige Ehepartner in wenigen Sekunden von null auf hundertachtzig bringen können, weiß der eine immer, welche Knöpfe er beim anderen drücken muss, um es noch einmal funken zu lassen.

Für uns sind unsere Eltern Anschauungsmaterial. Sie prägen unsere Grundvorstellung von einer Beziehung: Mann und Frau mit Kindern. Ein Schlafzimmer, ein Bett, ein Leben. Sie führen uns vor, dass Mann und Frau mit ein bisschen Kompromissbereitschaft doch zusammenpassen. Und sie zeigen uns, dass eins und eins nicht zwei ergibt, sondern ein Zuhause. Aber wir lernen von ihnen auch, wie man Menschen verletzt, mit Schweigen an die Wand drückt, seinen Willen durchsetzt und trotzdem unglücklich wird. »Ihr sollt es mal besser haben als wir« war der Leitspruch unserer Großelterngeneration. Was Beziehungen betrifft, hätten ihn unsere Eltern einfach übernehmen können. Denn sie haben es nicht besser gehabt.

Die Lockerung der Moralvorstellungen ermöglichte ihnen zwar erfreulich viele Sexualkontakte und ein nie gekanntes Maß an Freiheit für beide Geschlechter. Doch wie so oft schlug das Pendel vielleicht ein wenig zu heftig aus. Im Lauf unserer Kindheit erlebten wir, wie sich der Lebensentwurf, für den sich die meisten unserer Eltern entschieden hatten, in Luft auflöste und durch kompliziertere Konstruktionen ersetzt wurde.

Meist ging es damit los, dass die Mutter sitzen gelassen wurde. Doch was früher einer Existenzvernichtung gleichkam, war jetzt eine Herausforderung. »Wie nennt man einen Mann in Salzsäure? Ein gelöstes Problem«, kalauerten die Frecheren unter unseren Müttern, und auch die Trennung, der ja meist eine quälende Zeit vorausging, erwies sich für sie nicht selten als gelöstes Problem. Denn was diese Frauengeneration von ihren Vorgängerinnen unterscheidet: Sie müssen zwar gegen ein paar Vorurteile mehr kämpfen als die gleichaltrigen Single-Männer, aber gegen einen ganzen Berg weniger als ihre Mütter. »Noch vor zwanzig Jahren hatten Frauen über fünfundvierzig einen witwenartigen Status«, sagt Wolf Dieter Oswald, Psychogerontologe an der Universität Erlangen-Nürnberg. Heute steht eine mittelalte Frau ohne Partner unter einem ganz anderen Druck: Ihr Alleinsein wird als Unhöflichkeit und Belastung gewertet. Möglichkeiten hat sie ja schließlich mehr als genug.

Meine Freundin Sandra hingegen macht das Beste aus ihrem Single-Dasein: »meine eigene kleine Soap-Opera« –

wie sie gern sagt. Wir sehen uns fast nie, aber bei unseren Telefonaten wird regelmäßig das Badewasser kalt: Ihre Affären sind stets hochemotional und perspektivlos, ihre Verehrer hochkarätig, ihren Liebeskummer beschreibt sie mit selbstironischem Witz und echter Verzweiflung. Viel zielgerichteter geht ihre Mutter Gabriele vor. Ihr Mann war ein Charmeur, dessen Namen sie nicht abgelegt und dessen zahlreiche Affären sie ihm nicht verziehen hat. Sie würde sich bescheiden als »Powerfrau« einstufen – mit erfolgreicher PR-Agentur, persönlichem Fitnesstrainer und einem chronisch überbuchten Terminkalender. So wie Airlines ja nur profitabel arbeiten, wenn sie einen Teil ihrer Sitze doppelt belegen, zeigt sich wirklicher sozialer Erfolg an der Anzahl und Qualität der Termine, die man ausfallen lassen muss. Gabriele – niemand wagt es, sie Gabi zu nennen – ist dafür in Frankfurt berüchtigt. Trotz dieser Betriebsamkeit legte sie, als Singles gerade mal außer Mode waren, die Kontaktanbahnung in die gepflegten Hände der Claudia Püschel-Knies GmbH. Eine internationale Partnervermittlung, deren Anzeigen in *FAZ* und *Zeit* sich lesen wie aus einer halb versunkenen, halb erträumten Welt.

Ein »genauso stilvolles wie herrlich natürliches Geschöpf, mittelgroß, rassigen, dunkel-langhaarigen Typs und der schlanken Weiblichkeit, die jedes ›Mannequin‹ vergessen lässt«, wird da vermittelt. Oder die »echte junge Firstlady 34/174, gewohnt, ein ›großes Haus‹ zu führen; von Sport – Tennis, Golfen, Reiten, Wassersport, Skifahren – bis (moderne) Kunst + Musik, eine Frau mit der Sie auf jedem Parkett ›Furore‹ machen werden«. Gabriele entschied sich für »Dr. jur. (nach Jahren auf der politischen Bühne heute das

›private‹ Leben genießend)«, dessen »Eleganz und Großzügigkeit des distinguierten Mannes von Welt« angepriesen wurden. Sie sind noch heute zusammen. Vielleicht auch, weil zu seinen »herausragenden Qualitäten« die Bereitschaft gehört, nur einen eng umrissenen Teil ihrer Zeit und Aufmerksamkeit zu erwarten.

Eine mittlere fünfstellige Summe kostet ein Suchauftrag bei Frau Püschel-Knies. Aber Kontakte können unsere Eltern auch günstiger knüpfen: Studiosus-Reisen und Weinverkostungen, Wanderverein und Privatpartys, Tennisclub und Vernissagen. Nicht zu vergessen: das gute alte Büro.

Wie fühlt es sich an, wenn sich Eltern wieder verlieben? Zunächst einmal ein bisschen unnatürlich. Wie die Gänse von Konrad Lorenz sind wir früh und eindeutig konditioniert: Es gibt eigentlich nur einen Mann, den unsere Mutter küssen sollte. Kinder sind unflexible Gewohnheitstiere, eine Eigenschaft, die im Alter merkwürdigerweise eher zunimmt. Auf Freunde unserer Eltern gehen wir stets mit einer gewissen Neugier zu, aber neue Partner können im Direktvergleich nur verlieren. Jeder hat in seinem Freundeskreis den wahnsinnig toleranten Stiefvater, die hübsche und lustige Stiefmutter. Aber in der Regel sehen diese Ersatzeltern komisch aus, können nicht mit uns umgehen, fordern mal Gehorsam, mal Zuneigung. Und wir verweigern ihnen nach Möglichkeit beides.

In dieser brisanten Frage zeigen sich unsere Eltern als abgebrühte Realisten. Bei ihrer Trennung nehmen sie denkbar wenig Rücksicht auf uns, bei ihren weiteren Schritten dagegen umso mehr. Vielleicht ist es auch eine Altersfrage, aber ihr zweites Glück verströmt eine ordentliche Portion Abgeklärtheit. Händchenhalten, Romantik, Bund fürs Leben? Alles schön und gut, aber sie sind keine zwanzig mehr, haben Kinder und ein halbes Leben hinter sich. Wer auch immer des Weges kommt, er muss sich den Gegebenheiten anpassen. Getrennte Wohnungen, getrennte Urlaube, getrennte Freundeskreise – wenn unsere Eltern sich einmal an ihre Autonomie gewöhnt haben, geben sie sie nicht so leicht wieder auf. Das bilden wir uns zumindest ein, bis sie dann Ernst machen.

»Von so einem Leben auf Ibiza habe ich immer geträumt«, sagte Leas Vater, als er sich mit einer sehr viel jüngeren Spanierin auf einer alten Finca niederließ. Seine Ambitionen als Fotograf und den schillernden Freundeskreis hatte er aufgegeben für ein paar Hektar rote Erde, einige Ziegen und eine Frau, die ihm intellektuell nicht das Wasser reichen konnte. Das sagte ihm zumindest seine Tochter bei ihrem letzten großen Streit. Danach besuchte sie ihn nie wieder auf Ibiza. Sie fand, er schmeiße sein Leben weg. Zugleich fühlte sie sich auch nicht wirklich wohl dabei, zu argumentieren wie ihre eigene Großmutter.

Dabei gibt es durchaus Modelle, wie auch gegensätzliche Partner ihre Balance finden können. In dem gemeinsamen Wohnzimmer von Baron Hans Heinrich Thyssen-Bornemisza und seiner wesentlich jüngeren Frau Carmen, genannt Tita, hing über dem Fernseher ein Gemälde von Picasso. »So kann ich mir das Bild ansehen, während Tita ihre Telenovelas anguckt«, erklärte der Baron sein Glücksrezept.

So viel Gleichmut ist möglicherweise ein Privileg der Milliardäre. Doch auch der Baron focht eine jahrelange Fehde mit seinem Sohn aus erster Ehe aus – was diesen als einen von uns ausweist. Denn die Trennungen und Neubindungen unserer Eltern sind für alle Beteiligten Herausforderungen. Zum einen weil unsere Eltern einfach nicht aufhören wollen, an ihr Glück zu glauben und an ihm zu arbeiten. Wir haben unsere Großeltern kennen gelernt, als sie ungefähr im Alter unserer Eltern waren. Nette alte Menschen, die nicht mehr allzu viel vom Leben erwarteten. Unsere Eltern aber führen sich auf wie Teenager: Wenn es darauf ankommt, übertönt ihr eigenes Herzklopfen den Lärm der ganzen Welt.

Und noch ein Grund, warum ihr zweites Glück ein Kraftakt ist: Keiner weiß, wie man damit umgehen soll. Selbst Mütter und Väter, die nach jahrelangen Unterhaltsprozessen den Umgang miteinander meiden, müssen sich bei großen Familienfesten die Hand schütteln. Und dann treffen sie sich wieder beim Diplom ihrer Tochter: er mit seiner jungen spanischen Frau und ihren zwei Söhnen, sie mit dem stets etwas abwesend wirkenden Frauenarzt, den sie durch die Zeitschrift *Esotera* kennen gelernt hat. Wie begrüßt eine Mutter ihre Schwipp-Stiefkinder? Wie nennt ein Vater seine Exfrau gegenüber der gemeinsamen Tochter: meine Exfrau? Waltraut? Oder doch wie früher: Mama?

Nicht ohne Nervosität beobachten wir unsere Eltern beim Vortasten und Ausloten, wie viel Nähe der jeweils andere erwartet oder erträgt; wie stark der Trennungsschmerz noch ist und ob der/die Neue sich total deplatziert fühlt.

Für derartige Fragen gibt es keine Regelwerke, ja genau genommen noch nicht einmal Richtlinien. Das Buch *Manieren* von Asfa-Wossen Asserate ist einer der Überraschungserfolge des vergangenen Jahres. Im Register finden sich neben Schlagworten wie Fabergé-Ostereier, Malheur und Geschäftsmannenglisch auch Eintragungen wie Brautjungfer, Handkuss und Trachtenhochzeit. Zur Trennung fällt dem Autor dagegen nur wenig ein: »Dann kommt die Scheidung, und die wird unter Umständen erheblich teurer als es die alten Ehen mit ihren Mitgiften und Morgengaben und Wittum und Aussteuer gewesen sind.«

Die Benimmfibel für Patchwork-Familien muss also definitiv noch geschrieben werden.

»Wir wollen dieses Jahr auf die ganze Schenkerei verzichten.«
Wie unsere Eltern Weihnachten feiern

»Hanno ließ sein Knie los, das er bislang umschlungen gehalten hatte. Er sah ganz blaß aus, spielte mit den Fransen seines Schemels und scheuerte seine Zunge an einem Zahn, mit halbgeöffnetem Munde und einem Gesichtsausdruck, als fröre ihn. Dann und wann empfand er das Bedürfnis, tief aufzuatmen, denn jetzt, da der Gesang, dieser glockenreine A-cappella-Gesang die Luft erfüllte, zog sein Herz sich in einem fast schmerzhaften Glück zusammen. Weihnachten...«

Zwischen festlicher Rührung und neurotischer Überladenheit beschreibt Thomas Mann ein Weihnachtsfest bei den Buddenbrooks. Und wenn man den Schilderungen seiner jüngsten Tochter Elisabeth in der TV-Serie *Die Manns* glauben darf, wurde das Fest der Liebe auch im Hause des Dichters als straffes Ritual ausgelassenen Frohsinns zelebriert. Heiß herbeigesehnt und extrem störungsanfällig.

Seit damals hat sich nicht viel verändert: Weihnachten ist für Eltern und Kinder in der ganzen Welt Jahreshauptversammlung und Bewährungsprobe zugleich. Im Zentrum des Bestsellers *Die Korrekturen*, mit dem der US-Autor Jonathan Franzen das Thema Familie wieder romantauglich machte, steht die Idee einer Mutter, die ganze Sippe noch einmal zu einem gemeinsamen Weihnachtsfest zu vereinen. Zwar haben die meisten von uns, im Gegensatz zu den Buddenbrooks und den Lamberts, nicht mit dem »Verfall« ihres Clans zu kämpfen. Wohl aber mit dem Fest selbst.

Es fängt in der Regel recht harmlos an. Mit einem Anruf im Büro. Vorzugsweise zur Kernarbeitszeit, am liebsten am stressigsten Tag der Woche. Und in jedem Fall sehr lange vor dem 24. Dezember. »Wir wollten mal fragen, was du dir wünschst«, klingt es bemüht beiläufig aus dem Hörer. Doch statt des Duftes von Spekulatius und Nordmanntanne, der jetzt heraufziehen müsste, wittern wir nur eines: Gefahr. Denn jede Antwort ist hier falsch. »Den neuen Maserati Spider in Betongrau. Und einen Anzug von Dior« wäre wahr, aber frech. »Die Gesamtausgabe von Michel Foucault« gibt das richtige Signal (der Junge liest noch!), ist jedoch auf uncharmante Art zielgerichtet und konkret. »Denkt euch was aus. Irgendwas über Architektur« klingt bescheiden und ermutigend, ist aber hochriskant. Wenn die Eltern nicht eine engagierte Buchhändlerin als Geschenkassistentin einspannen, tendiert die Trefferquote bei derartigen Spezialwünschen gegen null. Am einfachsten ist es, man kommt der traditionell für die Geschenkakquise zuständigen Mutter entgegen. »Etwas für die Küche« zum Beispiel kann Wunder an Einfallsreichtum, Initiative und Großzügigkeit bewirken. Irgendwann haben wir jedoch genug Pfannen, Tischdecken und Chianti-Gläser. Und an das Silberbesteck trauen wir uns noch nicht so recht heran:

Muss man das nicht regelmäßig polieren? Und was passiert, wenn man mit dem Messer aus empfindsamem Edelmetall sein Frühstücksei klopft?

Die schlechteste aller möglichen Antworten ist: »Ich habe gerade keine Zeit. Ich rufe dich zurück.« Eine derartige Abfuhr, verbunden damit, dass dieser Rückruf selbstverständlich nie erfolgt, kann fatale Folgen haben: Das traditionelle Adventspäckchen mit Keksen kommt a) sehr spät, b) gar nicht, c) ausschließlich voller Krümel an, weil das Gebäck aus irgendeinem Grund sehr nachlässig verpackt wurde. Oder die Eltern denken sich für den Gabentisch etwas aus, das haarscharf an der Meinen-die-das-ernst?-Grenze schrammt: ein Kerzenständer in Form eines hüfthohen Metallsaxofons, ein Pullover vom Dritte-Welt-Weihnachtsmarkt mit mäanderndem Lama-Kondor-Muster, ein Buch von Heinrich Böll. Nicht auszuschließen, dass unsere Eltern über die geheuchelte Freude später im Ehebett heimlich in die Daunenkissen prusten.

»Wir wollen dieses Jahr auf die ganze Schenkerei verzichten«, verkünden Väter regelmäßig und legen sich dafür vorsichtshalber ein ganzes Bündel an Begründungen zurecht. Unsere Mutter sei viel zu erschöpft für den Einkaufsstress; wir Kinder hätten ja ohnehin keine Zeit, etwas zu besorgen; zudem hätten wir mal wieder keine akzeptablen Wünsche geäußert. Und außerdem sei diese »Geschenkorgie« ja ohnehin überflüssig, das Geld solle man lieber spenden. Spontane Geschenke seien viel ehrlicher.

Wie kontert man die Keine-Geschenke-Attacke? Der Hinweis, dass derartig pauschalisierende Konsumkritik ihre besten Tage schon lange hinter sich hat, reicht in der

Regel nicht aus. Dem Argument »Das finde ich total blöd« fehlt die Stichhaltigkeit – und ein anderes gibt es leider nicht. Oft löst sich dieses Problem von selbst. Der Mutter fällt ein, dass sie dem einen Sohn bereits versprochen hat, sich an der neuen Digitalkamera zu beteiligen, dass sie für den anderen ja schon diese wunderbare Leinenbettwäsche gekauft hat. Und wenn Eltern irgendetwas peinlich genau vermeiden, dann ist es Ungerechtigkeit bei der Behandlung ihrer Kinder. Wenn es *ein* Geschenk für *ein* Kind gibt, so die Logik, dann müssen wohl dieses Jahr noch mal alle was kriegen. Über die normative Kraft des Faktischen ist in diesem Fall die ganze Familie zufrieden. Man hat sich ideologisch einwandfrei bemüht, aber es bleibt alles, wie es immer war. Denn nichts würde Eltern unglücklicher machen als ein Weihnachten nach ihren Wünschen.

Die nächste Klippe auf der Irrfahrt zu einem harmonischen Fest ist der Weihnachtsbaum, der auf rätselhafte Weise von Jahr zu Jahr ein Stückchen schrumpft. Nicht dass die Bäume tatsächlich kleiner werden. Aber unsere Eltern haben es sich grundsätzlich in den Kopf gesetzt, dass sie für die gleiche Ware jahrzehntelang das Gleiche zahlen müssen. Da man einen Weihnachtsbaum meist nur einmal im Jahr ersteht und dieser Kauf ein Ritual ist, fallen hier die Preissprünge besonders ins Auge. Hinzu kommt der Siegeszug der Nordmanntanne, die die früher übliche Edeltanne komplett verdrängt hat. Und was war noch mal die Blautanne? Sprachverwirrung bei steigenden Preisen – da hat jeder Angst, zu viel zu zahlen. Und bevor unsere Eltern an der Qualität sparen, was das gefürchtete Nadeln zur Folge hätte, sparen sie lieber an der Größe. Je älter wir werden, desto kleiner wird der Weihnachtsbaum. Das geht zuweilen so weit, dass das Bäumchen auf einen niedrigen Tisch gestellt werden muss. Wenn um diesen Nadelzwerg – Baum mag man ihn eigentlich nicht nennen – dann noch eine Lichterkette geschnürt wird, dann ist es perfekt, das preiswerte Weihnachten ohne Wachsflecken und Schmauchspuren. Und ohne Seele, wie wir vielleicht ein wenig melodramatisch hinzufügen möchten.

Um unser Unbehagen zu unterstreichen, weigern wir uns seit Jahren, *Ihr Kinderlein kommet* zu singen, und legen stattdessen eine CD mit amerikanischen Weihnachtsliedern auf. Was dem generellen Trend zum entfremdeten Fest entspricht. Statt *Nun liebe Kinder gebt fein Acht, ich hab euch etwas mitgebracht* tönt *Santa Claus* auch in deutschen Wohnzimmern mit US-Slang »Hohoho«, nachdem er mit Rentieren angereist ist. Außerdem haben wir so ziemlich jeden Modernisierungsschritt erwogen, um Weihnachten zu erweitern und damit zu entkrampfen. Unsere Eltern haben Gaststudenten eingeladen, befreundete Familien mit Kindern, Aupairmädchen, Freunde ohne Familie, Freunde der Kinder ohne Familie. In der Gewissheit: Wer seine Tür an Weihnachten öffnet, beschenkt sich selbst mit dem überwältigenden Gefühl, ein Menschenfreund zu sein. Der Nachteil: Es gilt den ganzen Abend, einen Fremdkörper zu integrieren. Gerade an diesem neuralgischen Fest sind es Details, die Distanz erzeugen. In der einen Familie wird noch gesungen, in der anderen vor der Bescherung aus der Bibel vorgelesen und in manchen danach der Fernseher angeschaltet. Auch hier ist Weihnachten wie ein Sinnbild der deutschen Ordnungswut: Entkrampfung muss vorher ausführlich diskutiert werden. Über die Menüfolge kann man zur Not ja abstimmen.

Als ultimative Lösung erscheint vielen die Flucht, einfach wegfahren und irgendwo unter Palmen feiern. Das klingt zunächst ideal: kein Tannenbaum, keine Geschenke, keine illuminierten Straßen, kein Stress. Kein Wunder, dass man sich an solch unheiligen Abenden vor lauter Heimweh zügig betrinkt.

Je mehr wir experimentieren, desto klarer wird uns: Weihnachten wird jeder zum Spießer. Sich damit abzufinden kostet ein bisschen Überwindung. Aber es fühlt sich dann erstaunlich gut an. Wenn die Nachsicht gegenüber der eigenen Rührseligkeit einmal verinnerlicht ist, fehlt nur noch eines zum gelungenen Fest: Kinder. Es müssen nicht die eigenen Kinder sein, die der Geschwister tun es auch. Hauptsache, sie sind klein, möglichst zahlreich und mit einem gesunden Hunger auf Geschenke und Aufmerksamkeit erzogen worden. Was in der Regel kein Problem ist. Auf einmal darf es wieder ein großer Baum sein, über die Geschenkfrage wird überhaupt nicht diskutiert, und irgendwer darf sich sogar wieder als Weihnachtsmann verkleiden. Die in kinderlosen Jahren zur Schicksalsentscheidung aufgebauschte Frage nach dem Weihnachtsmenü wird nachrangig. Hauptsache, es geht schnell. Nur auf junge Melancholiker wie Hanno Buddenbrook hat Weihnachten eine sedierende Wirkung. Normale Kinder sind schon Tage vorher so aufgekratzt, als wären sie in einen Kessel mit besonders anregendem Punsch gefallen.

Die Frage »Wo?« wird pragmatisch geklärt, es gilt: Wer die Kinder hat, hat das Sagen. Wohl oder übel trifft sich die Familie dort, wo die Kleinen zu Hause sind. »Bitte kommt nicht zu früh«, sagen wir dann unseren Eltern, die sich, um »zu helfen«, am liebsten einige Wochen vor Heiligabend bei uns einquartieren würden. Doch irgendwann am Nachmittag des 24. muss sich die Tür auch für sie öffnen. Es empfiehlt sich dann, den Eltern klare, überschaubare Arbeiten zuzuweisen: Der Vater schmückt den Weihnachtsbaum, das ist die männlichste Aufgabe, die zu vergeben ist, und mit ein bisschen Geschick können wir ihm noch eines seiner Enkelkinder unterschieben. Die konzentrierte Ruhe, die dann für ein paar o so selige Minuten aus dem Wohnzimmer sickert, gehört sicher zum Friedlichsten, was jene Tage zu bieten haben.

Wohin mit der Mutter? Wenn noch Geschenke zu verpacken sind, kann man sie damit eine Zeit lang ruhig stellen. Religiösere Naturen schicken wir in die Nachmittagsmesse. Doch ihr eigentliches Ziel ist natürlich die Küche. Es grenzt ja schon an eine Misstrauenserklärung, dass wir den Weihnachtsbraten selbst zubereiten wollen, jetzt möchte sie sich wenigstens nützlich machen. Wobei wir uns keine Illusionen machen, was das in Wirklichkeit heißt. Denn eine Mutter kann womöglich noch ein bisschen weniger aus ihrer Haut als ein normaler Mensch: Ihr erster Schritt in die Küche bedeutet eine sofortige Machtergreifung. Instinktsicher sieht sie mit einem Blick, dass der Salat schon lange geputzt sein müsste, die Herdplatte mit dem Wildfond viel zu heiß ist und die Knödelmasse nur mit einem beherzten Sofortprogramm gerettet werden kann. Nicht dass wir uns gern zu Gemüse schälenden Statisten herunterkochen lassen. Aber wenn unsere Mütter mit glühenden Wangen Befehle bellen, mit Töpfen scheppern und den »Zauberstab« ins Selleriepüree senken, dann geben sie uns eine ziemlich präzise Vorstellung davon, wie Glück aussehen kann. Und darum geht es ja am Weihnachts<abend.

Mit dem Frieden ist es vorbei, wenn der Rest der Familie eintrifft. Der Bruder hat drei Flaschen mallorquinischen Rotwein mitgebracht, für den es unbedingt noch einen zusätzlichen Gang geben muss. Die Schwester braucht dringend Geschenkpapier. Der Onkel möchte wissen, wo man in der Nähe Tabak zum Selbstdrehen kaufen kann. Und die Kinder wollen endlich ihre Geschenke auspacken, obwohl sie doch schon Wochen zuvor ihren Großmüttern, Tanten, Onkeln und Eltern diktiert haben: das Fahrrad von Hercules, aber nur in Blau; das Barbie-Haus, und zwar mit zwei Pferden; ein Aquarium, das mindestens 150 Liter fasst, aber ohne die aggressiven Saugschmerlen (Kinder kennen immer die abwegigsten Wörter). Man darf sagen: Es geht alles seinen traditionellen Gang.

An Weihnachten sind alle Modernisierungsversuche unserer Eltern abgeprallt. Und es ist schwer zu sagen, wer darüber glücklicher ist: sie oder wir. Es gibt noch immer »bunte Teller« aus beschichtetem Papier mit selbst gebackenen Keksen, gestreckt mit Marzipankartoffeln und gekauften Lebkuchen. Es gibt noch immer die Glaskugeln, den Holzschmuck aus dem Erzgebirge und den Metallfuß für den Baum. Und es gibt noch immer die Gereiztheiten, die entstehen, wenn sich vorprogrammierter Frohsinn mit angestautem Erwartungsdruck mischt. Die Mutter beklagt sich über den Zigarettenrauch und reißt alle zehn Minuten ein Fenster auf, der Bruder schwingt neoliberale Thesen, die mit jedem Glas Quittenschnaps vehementer werden, die Schwester rutscht ab halb zwölf auf ihrem Stuhl hin und her, weil sie noch verabredet ist.

Interessant, wie halbherzig unsere Eltern protestieren, wenn wir sie im kerzenwarmen Wohnzimmer allein lassen. Fast scheint es, als empfänden sie das Gleiche wie wir: Freude über eine gelungene Jahreshauptversammlung. Und Dankbarkeit, dass sie vorbei ist.

»Wir möchten nicht, dass ihr euch mal um das Haus streitet.« Wie unsere Eltern sich allmählich verabschieden

Ganz langsam werden unsere Eltern zerbrechlich. So langsam, dass wir zu Anfang die Symptome kaum erkennen. Wenn der Vater zum dritten Mal nach einem alten Freund fragt, den wir schon lange nicht mehr treffen, werden wir ungeduldig und barsch. Wenn die Mutter, ganz gegen ihre jahrelange Gewohnheit, mal für ein paar Minuten auf dem Sessel einnickt, finden wir, sie könnte sich über unsere Anwesenheit ein bisschen enthusiastischer zeigen. Plötzlich besuchen sie uns lieber mit dem Zug als mit dem Auto, reden ein wenig zu laut und dann vor allem über ihre Krankheiten. Zögerlich nehmen wir diese kleinen Auffälligkeiten als das, was sie sind: erste Anzeichen des Alters. Die zweiten zeigen sich schon bald. Sie beginnen, die Todesfälle im Bekanntenkreis zu erörtern. Wir finden ihr gesteigertes Interesse daran unpassend, übertrieben, unangenehm. Bis wir realisieren: Sie sind in dem Alter, in dem ihre alten Freunde sterben. Es ist nicht so, dass sie sich plötzlich für den Tod interessieren. Der Tod beginnt, sich für sie zu interessieren.

Und wir interessieren uns zwangsläufig auch wieder verstärkt für unsere Eltern – und ihren Abschied. So schmerzhaft das schon immer gewesen ist, so unterscheidet sich dieser Prozess doch grundsätzlich von den Auf- und Abrechnungen früherer Generationen. »Ich habe oft versucht, mich mit der Gestalt meiner Mutter und der Gestalt meines Vaters auseinanderzusetzen, peilend zwischen Aufruhr und Unterwerfung«, schreibt Peter Weiss 1961 in seiner autobiografischen Erzählung *Abschied von den Eltern* über die Sprachlosigkeit in seiner Familie. »Bei ihrem fast gleichzeitigen Tod sah ich, wie tief entfremdet ich ihnen war. Die Trauer, die mich überkam, galt nicht ihnen, denn sie kannte ich kaum, die Trauer galt dem Versäumten, das meine Kindheit und Jugend mit gähnender Leere umgeben hatte. Die Trauer galt der Erkenntnis eines gänzlich mißglückten Versuchs von Zusammenleben, in dem die Mitglieder einer Familie ein paar Jahrzehnte lang beieinander ausgeharrt hatten.« Die Misere, die Weiss, Jahrgang 1916, beschreibt, war in seiner Generation allgegenwärtig: Das Miteinander-Reden und -Leben war ein notwendiges Übel.

Unsere Eltern haben es gelernt. Das Letzte, woran wir in unseren Familien litten, war Sprachlosigkeit. Konflikte wurden eher zerredet als totgeschwiegen, und schon in jungen Jahren waren wir unseren Eltern willkommene Debattenpartner. Auch was ihren Abschied betrifft, sind sie es, die dafür sorgen, dass die Angelegenheit nicht unter den Teppich gekehrt wird. Sie reden nämlich ganz gern oder zumindest unbefangen über ihren Tod. »Wenn wir mal nicht mehr da sind …«, streuen sie lässig in das Gespräch ein. Meist ist das ein Schock für uns. Das unkommentierte, allmähliche Schwinden ist eine Sache, wenn das Ganze ausgesprochen wird, eine andere. Es signalisiert, dass unsere Eltern schon viel länger darüber nachdenken und – man kann es nicht anders sagen – ihr Ableben regelrecht planen. Nichts nimmt schließlich wirkungsvoller die Angst (oder andere lästige Gefühle) als eine logistische Herausforderung. Und so stürzen sie sich mit Übereifer und besten Absichten in eine neue Etappe ihres Lebens. Auch wenn es die letzte sein wird.

In den meisten Familien nähert sich der Lebensabend recht sanft. Unsere Eltern beginnen fast spielerisch, sich intensiver mit ihrer Vergangenheit zu beschäftigen, und »arbeiten die Familiengeschichte auf«. Sie durchstöbern uralte Diakisten, ziehen die besten Motive auf Papier ab, basteln Fotoalben, in denen Geburtsurkunden, verfärbte Urlaubsschnappschüsse und brandneue Digitalprints mit Insider-Witzen und Anspielungen versehen werden, die zum Glück wirklich nur wir verstehen. Ihre Suche nach der verflossenen Zeit zieht noch weitere Kreise: Verwandte, von denen wir noch nie gehört haben, kommen plötzlich zu Besuch, alte Heimatorte, vergessene Freunde, das Kriegerdenkmal des gefallenen Bruders werden aufgespürt. Eigentlich hat fast jeder von ihnen das Gefühl, seine eigene und die Geschichte seiner Familie müsste aufgeschrieben werden. Auch mein Vater hat Teile seiner Geschichte aufgeschrieben.

»Die für schwer beladene Pferdefuhrwerke nicht gefahrlose Strecke auf der Autobahn führte über die Höhen des westlichen Oderufers – und gab den Blick frei in die Weiten und Wälder jenseits der Oder, zu den Spuren von Krieg und Vernichtung, denen wir während der letzten acht bis zehn Stunden unversehrt entkommen waren«, schrieb mein Vater über den Tag, an dem er Hermann Göring traf. »Je mehr die Dunkelheit vorankam, desto deutlicher traten am gar nicht so fernen Horizont Feuer und Flammen in den gerade verlassenen Dörfern in den Blick. Erschöpft, ermüdet und erschreckt hielt der Treck für einige Momente inne. Wir ahnten mehr, als wir wussten und wissen wollten, dass die sich uns bietenden Bilder der so vertrauten Ort- und Landschaften, von denen wir Stunden zuvor noch fester Bestandteil waren, nur mehr solche des Abschieds und der Erinnerung sein würden und nicht mehr solche eines weiterzulebenden Alltags sein könnten. Noch heute durchfährt es mich, wenn erneut das Bild meines verzweifelten und weinenden Vaters beim Anblick seiner zerfallenden Welt zurückkehrt – eines stolzen und sensiblen pommerschen Bauern, der in diesem Augenblick im buchstäblichen wie übertragenen Sinne den Boden unter seinen Füßen verlor, den er bis an sein Lebensende auch nicht wieder gewinnen sollte.«

Obwohl mein Vater mir diese Geschichte immer mal wieder erzählt hat, so doch noch nie in dieser Ausführlichkeit – und ich habe noch nie so aufmerksam zugehört. Erst jetzt, mit ihrem Älterwerden, winken wir nicht mehr ab, wenn unsere Eltern von sich erzählen, sondern lassen uns stundenlang auch weniger Einschneidendes erklären, etwa wie das Gänsehüten auf einem pommerschen Bauernhof oder das Leben einer passionierten Nichtraucherin in einem Zigarrenladen in Bitterfeld denn nun wirklich war. Wir verbringen unsere Zeit bewusster mit unseren Eltern. Denn ohne viele Worte darüber zu verlieren, richten wir uns darauf ein, dass ihre Zeit nicht unbegrenzt ist.

Sie wiederum haben sich fest vorgenommen, diese Zeit nicht ungenutzt verstreichen zu lassen. Und ordnen, ganz altmodisch, ihren Nachlass. »Wir tun das ja auch ein bisschen für euch«, sagten Barbaras Eltern auf ihre Frage, warum sie nach ihrer Pensionierung nicht teure Reisen unternehmen, essen gehen, endlich den alten Teppich ersetzen. Eltern, die hemmungslos ihre Besitzstände verprassen, gibt es auch, aber sie sind die Ausnahme. Instinktiv scheint jeder Mensch eine große Sehnsucht zu haben, dass nicht nur Erinnerungen und Bilder von ihm bleiben, sondern vor allem auch Geld. Nachdem unsere Eltern ihr Leben lang klug gewirtschaftet haben, werden sie gegen Ende nicht leichtsinnig. In ihrer frühen Jugend flirteten sie mit dem Marxschen dialektischen Materialismus, und bis heute sind sie davon überzeugt, dass eine sinnvolle Fortschreibung der Geschichte ökonomisch organisiert sein will. So wird nach Expertenschätzungen im Jahr 2010 die unglaubliche Summe von zwei Billionen Euro vererbt. Und unsere Eltern wollen dafür sorgen, dass ein Großteil davon tatsächlich in unseren Händen landet. Auch wenn sie bei der Diskussion über die Erbschaftssteuer mit dem linken Flügel der SPD liebäugeln – hier geht es ja nicht ums Prinzip, sondern um die eigenen Kinder. Also wird jedes Finanzschlupfloch ausgelotet, jede frühzeitige Übereignung geprüft. Und ganz wichtig: die gerechte Verteilung sichergestellt. »Wir möchten nicht, dass ihr euch mal um das Haus streitet« lautet der Schlüsselsatz, der die letzte große Angst unserer Eltern umreißt. Ohne ihre einigende Hand, so fürchten unsere Eltern, wird die Kleinfamilie zerfallen. Denn in jeder Familie gibt es ein Mitglied, das sich über eine Erbschaft mit allen anderen zerstritten hat. Wo es geht, versuchen sie, Frieden zu stiften und Verständnis für die überarbeiteten Geschwister zu wecken. Sie richten Grüße aus, die nie bestellt worden sind, arrangieren zufällige Treffen bei sich zu Hause und tun einfach alles, damit wir auch nach ihrem Tod noch ohne Anwalt miteinander verkehren können.

»Wenn wir sterben, bist du eine gute Partie«, sagten Björns Eltern, als sie seiner Schwester das Haus überschrieben hatten. Derartige Flapsigkeiten verraten eine antrainierte Respektlosigkeit vor dem so genannten Tabuthema Tod, aber auch, dass sie eines um keinen Preis verlieren wollen: die Kontrolle.

Sie haben noch genau vor Augen, wie es ihren eigenen Eltern ergangen ist. Viele fügten sich einfach nur mit der Pensionierung in eine Existenz ohne Verantwortung und Selbstständigkeit. Unsere Eltern haben für sie die Wäsche gewaschen, die Einkäufe erledigt, das Mittagessen gekocht und wenn nötig die Miete gezahlt. Aber eines haben sie sich dabei geschworen: So wollen sie nicht enden.

Alter, oder das, was Alter traditionell bedeutet, ist deshalb etwas, das im Lebensplan unserer Eltern nicht vorgesehen ist. Sie trainieren »Bauch, Beine, Po«, nehmen jedes neue Kommunikationsmedium als Herausforderung an, weigern sich, ihre Garderobe auf das umzustellen, was der Stilkritiker Moritz von Uslar in seinem Buch *Wie sehen Sie denn aus?* einmal die »Oma-Krankheit Beige« nannte. Sie sehen nicht aus wie Rentner, und sie benehmen sich auch nicht so. Im Bus überlassen sie einer alten Frau ihren Platz, die vielleicht ein knappes Jahrzehnt älter ist, und wenn sie im Museum ihren Seniorenpass vorzeigen, machen sie sich darüber lustig.

So wie sie auch mit dem eigenen Verfall, wenn er denn nicht mehr zu leugnen ist, erstaunlich offensiv umgehen. Als sich bei Barbaras Vater während eines Vortrages bei der GEW die dritten Zähne lockerten, musste er seine Rede frühzeitig abbrechen. Beim nächsten gemeinsamen Abendessen mit den Kindern erzählte er in aller Ausführlichkeit davon, wie peinlich und demütigend das war. Womit man ja am ehesten eine Demütigung aus der Welt schaffen kann.

Schon vor Jahren haben unsere Eltern damit begonnen, ihre Lebenssituation auf Sollbruchstellen abzuklopfen. So wollen sie plötzlich ebenerdig wohnen oder mit Fahrstuhl. Obwohl sie früher vom Haus auf dem Land träumten, legen sie jetzt Wert auf zentrale Lage und gute Infrastruktur. Und trotzdem kaufen sie schnell noch ein neues Auto, bevor irgendjemand auf die Idee kommen könnte, dass sie sich nicht mehr hinters Steuer setzen sollten. Und sie achten auf die hektischen Umzüge ihrer Kinder von einer Stadt in die andere. Wie weit sind sie weg? Im Brustton der Überzeugung weisen wir darauf hin, wie verfrüht solche Sorgen sind, nur um das nächste Stichwort um jeden Preis zu vermeiden: Altersheim.

Schwerhörigkeit hin, Rheuma her, es ist für uns unerträglich und unvorstellbar, dass unsere Eltern bei einem »bunten Abend« in einer der gängigen Endstationen für alte Menschen landen könnten. Mit tattrigen Nachbarn, die sich jeden Morgen aufs Neue vorstellen, ruppigen Zivildienstleistenden, die ihre »Patienten« insgeheim belächeln, und immergrünen Zierpflanzen, die ja die lebenden Toten der Botanik sind. Wir weisen diese Vorstellung auch deshalb so weit von uns, weil wir in Wirklichkeit keine Ahnung haben, was geschieht, wenn unsere Eltern einmal auf unsere Hilfe angewiesen sind. Im Haus der Kinder alt zu werden haben sie und wir im stillen Einvernehmen ausgeschlossen. Unsere Eltern haben sich fest vorgenommen, uns mit ihrem Altwerden nicht zu belästigen. »Euch nicht zur Last fallen« ist ihr letztes großes Ziel.

In meiner Familie hat schon meine Großmutter mütterlicherseits vorgelebt, wie viel Willenskraft dafür erforderlich ist. Sie zog in eine »betreute Wohnung« in Hamburg, um in der Nähe von ihren zwei Töchtern sowie den Enkeln und Urenkeln zu leben. Vom ersten Tag an tat sie alles, um nicht zu Hause zu sein. Systematisch fuhr sie alle Buslinien bis zur Endstation ab, wanderte durch Friedhöfe und Parks, schloss sich einer Kirchengruppe an. Sie war aktiver als die meisten Menschen mit über fünfundachtzig Jahren, ihre Getriebenheit war stärker als jede Erschöpfung.

Bei unserem letzten gemeinsamen Frühstück besprachen wir die Sorgen der abwesenden Familienmitglieder und das aktuelle Kinoprogramm. *The Hours* mit Nicole Kidman hatte ihr nicht gefallen, weil sie lieber ein wenig mehr über das Leben von Virginia Woolf erfahren hätte. Zwei Tage später schlief sie auf dem Sofa ein – für immer. Sie hatte nicht »Tschüss« gesagt, aber es war ihre Art gewesen, sich leise zurückzuziehen. Sie hatte sich für die vielleicht beste Art des Abschiednehmens entschieden. Leben, bis man nicht mehr da ist.

Bei der Beerdigung meiner Großmutter standen meine Eltern in der ersten Reihe, und sie sahen auf einmal sehr klein aus. »Jetzt ist niemand mehr zwischen ihnen und dem Tod«, dachte ich am offenen Grab. Meine Schwester weinte, ich weinte, meine Mutter warf Erde auf den Sarg ihrer Mutter. Dann sah sie ihre heulenden Kinder, bahnte sich den Weg und nahm uns – eine links, einen rechts – in den Arm. Mit ihrem Sinn fürs Praktische tat sie einfach, was getan werden musste. Und organisierte die Abfahrt zum Leichenschmaus.

Die Weigerung unserer Eltern, sich in die Hilflosigkeit zu fügen, sich mit der Rentnerrolle zu arrangieren, ist kein Aufbäumen gegen das Unvermeidliche. Es ist die Quintessenz ihres Daseins und die logische Fortschreibung ihrer Jugendträume und Jugendsünden. Sie nehmen sich das Recht heraus, noch im Alter zu leben. Stolz brüsten sie sich, wenn sie ein paar Kilo heruntergehungert haben, beiläufig streuen sie die Namen junger Schriftsteller ins Gespräch ein, und wenn wir sie auf unsere Freunde loslassen, sind sie einfach nicht ins Bett zu kriegen: Sie notieren sich Buchempfehlungen, planen im Geiste schon die Reise nach Georgien, wollen jetzt endlich auch wieder mit dem Joggen beginnen. Peinlich? Im Gegenteil: Sie sind ziemlich genau die Eltern, die wir im Alter gern wären.

Dabei profitieren sie von einem Phänomen, das häufig übersehen wird. Neben dem notorischen, wenn auch überschätzten Jugendwahn hat sich ein Alterskult etabliert. Der *Playboy*-Gründer Hugh Hefner, der nicht erlahmt, die Wirkung des Potenzmittels Viagra zu preisen, und Sean Connery, der wohl bis an sein Lebensende zum Sexiest Man

Alive gewählt werden wird, sind dabei nur die Spitzen der Bewegung. Wenn Sabine Christiansen mal ordentlich Streit in ihrer Sendung haben will, lädt sie sich altgediente Recken wie Egon Bahr, Heiner Geißler oder Alice Schwarzer ins Studio. In einer immer glatter werdenden Öffentlichkeit sind Greise (und ältere Damen) grundsätzlich unterhaltsam – komisch gekleidet, merkwürdig belesen, erregend prinzipienfest. Vor allem aber haben sie eine immer seltener werdende Qualität: Da sie keine Rücksicht mehr nehmen müssen und nichts zu verlieren haben, sagen sie, was sie denken. Anlässlich seines 80. Geburtstages lobte Loriot diese argumentative Rücksichtslosigkeit: »Ein weiterer Vorzug des alten Menschen beruht auf seiner Überzeugungstreue. Diese auch als Altersstarrsinn geschätzte Eigenschaft beendet unergiebigen Gedankenaustausch. Ein in höherem Alter willkommener Zeitgewinn.«

Interpretiert man Altersstarrsinn als den unverbesserlichen Glauben an die Verbesserbarkeit der Welt, dann ist er die adäquate Fortsetzung des Lebenswerkes unserer Eltern. Sie haben Autoritäten und Tradition, Schönheit und Erfolg infrage gestellt und ihren Kindern eine freie Gesellschaft übergeben. Trotzdem sind sie die Ersten, die eingestehen, dass die Welt nicht unbedingt gerechter geworden ist, seitdem sie das letzte Mal auf die Straße gegangen sind. Aber ihre Grundhaltung des kritischen Optimismus geben sie auch heute nicht auf.

»Es gab in unserem Leben einen richtigen Bruch. Als ihr drei Kinder da wart, hatte ich einfach keine Zeit mehr für neue Filme«, sagte meine Mutter, nachdem sie das erste

Kapitel dieses Buches gelesen hatte. »Ich habe das Kino erst in den vergangenen Jahren wieder für mich entdeckt.« Dabei klingt sie, als läge das ganze Leben noch vor ihr.

Um ein letztes Mal ihren Cheftheoretiker Jürgen Habermas zu bemühen: Unsere Eltern sind ein unvollendetes Projekt.

Danke

Den Gesprächspartnern für ihre Offenheit.
Den Freunden für ihre Geduld.
Heinz-Peter für die lange Anreise.
Christian für die Nachtarbeit.
Marion für die unschätzbare Hilfe.
Matthias für die Aufbauarbeit und die Engelsgeduld.
Meiner Familie für alles.